JN333263

死後12日目の緊急インタビュー

元社会党委員長 土井たか子の霊言

大川隆法
Ryuho Okawa

まえがき

死者に鞭打《むちう》つことは、あまりしたくないな、とは思っていたが、今朝の朝日新聞と東京新聞の記事を見てみると、「憲法九条（を護る日本国民の皆さん）がノーベル平和賞最有力」といった記事が出ていた。私としても多少はつらい仕事なのだけれども、死後12日目の緊急インタビューとして「元社会党委員長・土井たか子の霊言」を出版することにした。

女性として憲政史上初めて衆議院議長になった方でもあるし、憲法九条堅持《けんじ》・平和主義で一世を風靡《ふうび》した公人中の公人でもある。その方が九月二十日に亡くなって、12日目、自分の死を自覚しているか、政治信条をどう思っているか、どんな世界に迎え入れられているかを知ることは、現代日本で「真理とは何か」を問うこととほぼ同義である。

生前、「山が動いた」という名言を残した土井さん。信仰で山が動くことを信じることが少なくなったクリスチャンたちにも、「何か」を伝えてくれることだろう。

二〇一四年　十月四日

幸福《こうふく》の科学《かがく》グループ創始者兼総裁《そうししゃけんそうさい》

大川隆法《おおかわりゅうほう》

元社会党委員長・土井たか子の霊言　目次

まえがき　3

元社会党委員長・土井《どい》たか子の霊言《れいげん》
――死後12日目の緊急《きんきゅう》インタビュー――

二〇一四年十月二日　収録
東京都・幸福の科学　教祖殿《きょうそでん》　大悟館《たいごかん》にて

「霊言現象《れいげんげんしょう》」とは、あの世の霊存在の言葉を語り下ろす現象のことをいう。これは高度な悟《さと》りを開いた者に特有のものであり、「霊媒現象《れいばいげんしょう》」（トランス状態になって意識を失い、霊が一方的にしゃべる現象）とは異なる。

なお、「霊言」は、あくまでも霊人の意見であり、幸福の科学グループとしての見解と矛盾《むじゅん》する内容を含《ふく》む場合がある点、付記しておきたい。

元社会党委員長・土井《どい》たか子の霊言《れいげん》

――死後12日目の緊急《きんきゅう》インタビュー――

二〇一四年十月二日　収録

東京都・幸福の科学　教祖殿《きょうそでん》　大悟館《たいごかん》にて

土井《どい》たか子《こ》（本名：土井多賀子《たかこ》）（一九二八～二〇一四）

政治家、法学者。同志社《どうししゃ》大学等で講師を務めた後、一九六九年第三十二回衆議院議員総選挙に日本社会党から出馬し、初当選。一貫《いっかん》して、憲法擁護《ようご》、日米安保《あんぽ》反対を主張した。衆議院議員（十二期）、日本社会党委員長（第十代）、衆議院議長（第六十八代）、社会民主党党首（第二代）などを歴任。日本における女性初の衆議院議長、政党党首である。愛称《あいしょう》は、おたかさん。

質問者　※質問順

酒井太守《さかいたいしゅ》（幸福の科学宗務《しゅうむ》本部担当理事長特別補佐《ほさ》）

綾織次郎《あやおりじろう》（幸福の科学上級理事 兼《けん》「ザ・リバティ」編集長）

［役職は収録時点のもの］

1　元社会党委員長・土井《どい》たか子氏の死後の様子を探《さぐ》る

幸福の科学の立ち上げと同時期に話題になった土井《どい》たか子氏

大川隆法　昨日、今日と旬《しゅん》の話題が続いているのですが、今日は、元社会党委員長、社民党党首であった土井《どい》たか子さんの霊言《れいげん》を収録します。彼女が、二〇一四年九月二十日《はつか》に八十五歳《さい》で亡《な》くなられ、十日《とおか》余りたちましたので、宗教家としての関心から、どんな状態か知ってみたいということもあります。

ちなみに昨日《さくじつ》は、総合本部で、「フランクリン・ルーズベルト米元大統領と思《おぼ》しき霊人《れいじん》と、李承晩韓国《りしょうばんかんこく》元大統領と思しき霊人が、日本の天災に関係があったらしい」というような霊言を録《と》ったのですけれども（『広島大水害と御嶽山噴火《おんたけさんふんか》に天意はあるか』〔幸福の科学出版刊〕参照）、社会党の元委員長が亡くなったら、そういう方がお迎《むか》えに来ていたりするかもしれません。誰《だれ》か来た人がいたでしょうか。あるいは、まったく来ないでいるのでしょうか。

また、例によって、死んだことを認めない状態でいる可能性もあります。「まだ生きている」と言い張る人もいるわけですが、そうした状態でいるのでしょうか。

そのあたりについて、死んだあとに、どのようなものを見たり、聞いたり、感じたり、考えたりしているのか、宗教的にも知りたいところがあります。

なお、土井たか子さんは、思想的に見て、自民党の安倍《あべ》首相とは、おそらく正反対の考え方を持っている方だろうと思うのです。

もともと、同志社《どうししゃ》大学で憲法学の講師をしており、それから代議士になられました。その後、一九八六年九月に社会党委員長になり、九一年七月まで五年ほどしています。

八六年九月というと、幸福の科学の事務所を設立したのが八六年十月六日なので、ほぼ同じころです。また、九一年七月にお辞《や》めになっていますが、このころ当会は、東京ドームで御生誕祭《ごせいたんさい》を開催《かいさい》しています。宗教法人格を取得して御生誕祭を開催し、日本中にワアワアとやって、マスコミからも、いろいろとほめられもし、叩《たた》かれもして有名になったころでした。そのように、ちょうど幸福の科学の立ち上げ期に重なっているので、記憶《きおく》としてはわりあい鮮明《せんめい》に覚えてはいるのです。

例えば、土井さんが出てきたときの感じは、女性の党首というか、委員長が出てきたので、ちょっとしたブームではありました。選挙（一九八九年第十五回参院選）でも勝《か》ったわけですが、そのときの「山が動いた」という言葉が非常に有名になったと思います。

また、イギリスでは、サッチャー首相が女性の首相としてやっていたので、「日本のサッチャーになるのか」という感じで、テレビや新聞なども似たような扱《あつか》いをしていました。私も、当時の幹部たちに、「この勢いであれば、もしかしたら、この人は首相になるのだろうか」というようなことを漏《も》らした記憶があります。

ただ、初期の幸福の科学は、どちらかというとノンポリであり、特に政治性は持っていませんでした。だいたい日曜日に行事を開いていたので、投票に行かないような人も多く（笑）、私も政治的なことについては、あまり発言していなかったと思います。

かつて社会文化会館で開催《かいさい》した「中級セミナー」

大川隆法　そうしたこともあってか、八七年の中級セミナーは、社会党（現・社民党）の本部ビルであった社会文化会館をお借りして開催《かいさい》しました。

当時は、大きな講演会を年五回開催し、さらに、初級セミナー、中級セミナー、上級セミナーと、セミナーを三回開催していました。初級セミナーを開いて、受験者の何割かが合格し、その合格した人が中級セミナーを受け、試験に合格したら、最後に上級セミナーを受けるわけです。そのように、セミナーを受け、合格という資格が出るようなシステムでした。

そのほかに、春と秋に研修会が二回あり、この十回ぐらいの行事がメインフレームで、だいたい三年ぐらいは活動してきたのです。もちろん、それ以外にも幾《いく》つかの行事はありました。

　そういうなかで、八七年の夏ぐらいだったと思いますが、中級セミナーを社会文化会館で開催したのです。

　おそらく、会場代が安かったのでしょう。特に好んで使ったわけではなく、老朽《ろうきゅう》化もしていたので、安かったのだと思います。また、向こうは、宗教系であれば票になると思って貸してくれたのではないでしょうか。特にほかの記憶はないのですけれども、そこを借りて開催した覚えがあります。

在りし日の社会文化会館
1964年に日本社会党（現・社会民主党）の本部ビルとして建てられたが、老朽化などを理由に2013年に党本部は移転。解体され、現在は更地となっている。

　その中級セミナーで私は、「光明《こうみょう》生活セミナー」と題して、光明思想系の話（「『光明生活の方法』講義」）をしていたのですが、その途中《とちゅう》に地震《じしん》が起きたのです（笑）。

社会文化会館は非常に〝感度〟がよく、かなり揺《ゆ》れました。私は胸にバラの花を付けて講演していたのですが、そのとき、「87年第2回幸福の科学　光明生活セミナー」と書いて、針金か何かで天井《てんじょう》から四カ所でぶら下げてあった看板が地震で揺れ、私の後ろにドサッと落ちた音が聞こえたのです（会場笑）。

しかし、「ここでひるんだら男がすたる。看板が落ちたぐらい何だ」ということで、まったく意に介《かい》さぬ雰囲気《ふんいき》で、ピクリともせずに、そのまま講演を続けたことを覚えています。

これは、男の意地です（笑）。看板が落ちたことぐらい、音で分かっていますが、そこで振《ふ》り向いたりすると、やはり沽券《こけん》にかかわりますから、男子たるもの、不動心《ふどうしん》は見せねばなりません。「看板が落ちたぐらい何だ。私が立っているかぎり、関係がない」ということで続けたわけです。

なお、その際、運がいいのか悪いのか、先妻となった方が初めて私の講演会に参加していました。彼女は、光明思想が嫌《きら》いでしたから、話の内容はあまり好きではなかったようなのですが、地震が起きて看板が落ちたにもかかわらず、私がまったく動じないで講演をしている姿を見て、「ああ、この人は、腹だけは据《す》わっている人なんだな」と思ったようなのです。それで見初《みそ》められたらしいので、よかったか悪かったかは分からないものの、〝因縁《いんねん》〟の社会文化会館ではあります（笑）。

結局、その後、社民党になって、取り壊《こわ》すにもお金がないという状態になりました（注。現在、建物の解体は完了《かんりょう》している）。

土井たか子氏と意見を戦わせれば「日本の論点」が見えてくる

大川隆法　そういうことで、社民党になって尻《しり》すぼみになり、今では国会議員も数名（二〇一四年十月時点で、衆議院二名、参議院三名）しかいないので、幸福実現党が取って代わらなくてはいけないと思います。

社会党の当時は、長らく、「一《いっ》か二分の一政党」といわれていました。つまり、一と二分の一で、自民党の半分ぐらいの勢力は持っていたため、選挙で大勝したら、あるいは首相になるかもしれないと思われていた時期があったわけです。

そのように、土井たか子さんと当会の登場時期が、たまたま重なっていたということです。

なお、彼女はそのあと、憲政史上では女性として初めて衆議院議長になられました。

それから、同志社大学の憲法学の講師をしていましたが、憲法学者としても当然、「護憲」ということは言っていたと思うし、「憲法九条を維持《いじ》する」「平和憲法を維持し、軍国主義の復活には反対する」ということだったと思います。若くて健在であれば、おそらく今の安倍首相の動きに対しては、ことごとく反対なされていたでしょう。

要するに、「特定秘密保護法の制定や、集団的自衛権の行使容認を閣議決定でするようなことは立憲主義に反する」ということで、「キャンキャン」と言っていたはずです。そういう方ではありました。

ただ、それは、時代的には別に珍《めずら》しいことではなく、東大であろうと、ほかのところであろうと、「護憲平和主義」「憲法九条維持」といったことは、国の柱のように思われていた面もあったので、それほど悪いイメージがあったわけではありません。

また、外国の週刊誌等でも表紙になったりして、「急に力を持って出てきた」という感じでしたから、今で言えば、ドイツのメルケル首相のような扱いでしょうが、「土井たか子の物語」というように出ていたのを記憶しています。

おそらく、「日本にも女性の時代が来るのか」といった期待やブームと相まっていたような気がするのですけれども、このあと日本が傾《かたむ》いていくので、運命とは分からないものだと思います。

そういうことで、社会文化会館を何回か借りた以外は、特に大きなご縁《えん》があるわけではなく、面識もありません。

ただ、社会党の委員長をしていた方であり、安倍政権とは正反対の考えを持っていると思われる方が、死んだあと、どうなっているのかには、宗教家として関心があります。

なお、死後十何日かでは、それほど考えが変わっていないのが普通《ふつう》です。しかし、死後の世界などを認識しているのか、どんな人と会ったのか、あるいは、現政権をどう思っているのか。これについて意見を戦わせてみると、今の日本の論点、政治の論点そのものが出てくるでしょう。これに対して、宗教的な観点、価値判断も含《ふく》めて、結論が出せるのではないかと思います。

昨日《きのう》は、天災絡《がら》みで、「アメリカ」や「韓国」との関係のものが出てきましたけれども、日本国内のほうではどうなのかを見てみたいと思っています。

土井さんとは、まだ話したことが一度もありませんし、向こうから来たわけでもありませんが、昨日の感じでは、やはり、「土井さんは今、どうなっているのかな」というところが、何となく気にはなります。

立花隆《たちばなたかし》氏などは、どちらかといえば保守系の雑誌である「文藝春秋《ぶんげいしゅんじゅう》」でよく書いていた方ではあるのですが、そういう方でも「脳に心がある」といった考えを持っていて、「ＮＨＫスペシャル」にも出ていました（『本当に心は脳の作用か？――立花隆の「臨死体験《りんし》」と「死後の世界観」を探《さぐ》る――』〔幸福の科学出版刊〕参照）。ＮＨＫもまだ左派に近いでしょう。

このあたりのことを一つひとつ検証することは、世の中に「何が正しいか」「何が真実か」というようなことを啓蒙《けいもう》していく意味では、非常に大事なことなのではないでしょうか。

そうした一つひとつの作業を行っていくのはしんどいことではありますが、サンプル数が溜《た》まっていくことによって、やはり一定の証拠《しょうこ》にはなると思うのです。理論だけでなく、いろいろなものをきちんと積み上げていって、どうなのかということを言うのは大事ですし、それをできる人もあまりいないでしょう。

このへんのところを揶揄《やゆ》する方もいるでしょうが、「宗教ジャーナリズム的手法」として、こういうかたちで行わないかぎり、調べられる人はほかにいないので、私がやっているわけで、その信憑性《しんぴょう》については読む人に判断を願うことになると思います。

ということで、どういう意見になるか分かりませんが、反省しているか、あるいは、相変わらず自己擁護《ようご》しているか、現政権に憤《いきどお》って亡くなったのか。ちょっと、そのへんは分からないので、訊《き》いてみたいと思います。

それではお願いします。

元社会党委員長・土井たか子氏の霊《れい》を招霊《しょうれい》する

大川隆法　元衆議院議員で議長をなされ、また、社会党委員長にして党首もなされた土井たか子さんの霊《れい》をお呼び申し上げまして、幸福の科学 教祖殿《きょうそでん》にて、亡くなられて十日余りのご感想、ご見解、あるいは、現在の日本の政治の向かうべき方向についてのご意見等を伺《うかが》えれば幸いであります。

薄《うす》い縁ではありますけれども、社会文化会館を何回かセミナーに使ったこともありますので、同じ時期に世間《せけん》の注目を集めた者として、宗教的見地から、その政治的見解等を点検させていただきたいと考えています。

どうぞ、われら、日本にいまだ残り、この国を導いていかねばならない者に対して、何らかの参考になるご意見を述べてくだされば幸いです。

土井たか子氏の霊よ。

どうか、幸福の科学 教祖殿 大悟館《たいごかん》に降りたまいて、その教えを明かしたまえ。

土井たか子氏の霊よ。

どうか、幸福の科学 大悟館に降りたまいて、その教えを明かしたまえ。

（約十秒間の沈黙《ちんもく》）

2　死の自覚がない土井たか子氏の霊《れい》

「呼吸が苦しい」と言い、咳《せ》き込《こ》みながら登場した土井たか子氏

土井たか子　ゴホッン！　ゴホ、ゴホ、ゴホ、ゴホ、ゴホ（胸に右手を当てて、苦しげに咳《せ》き込《こ》む）。ちょっと……、ちょっとねえ。

酒井　はい。

土井たか子　ああ、今、呼吸が、苦しくて……。うーん……。

酒井　今は、どこにいらっしゃるか分かりますか？

土井たか子　ええ？　だから、呼吸が苦しいって言ってるでしょ。

酒井　今は、病院にいるのでしょうか。

土井たか子　ええ？　うう……。

酒井　今は、病気ですか。

土井たか子　うーん。呼吸が苦しいんだけど……。

酒井　肺炎《はいえん》のために亡《な》くなったのですよね？

土井たか子　ゴホッ。ああ、やっぱりねえ、長年、演説とかを、ずいぶんしてきたからねえ。それは、まあ、肺もねえ、喉《のど》も、気管支《きかんし》も、みんな傷《いた》むわねえ。うーん……（唸《うな》る）。

酒井　え？　いや、肺炎のために、亡くなられたのですよね？

土井たか子　ああ……、あん？　え？　え？　何？

酒井　お亡くなりになったのを……。

土井たか子　どういうこと？

酒井　「死んだ」ということです。

土井たか子　な、何？　それは、どういうこと？

酒井　え？

土井たか子　どういうこと？　いや、病気はしてるけどねえ。

酒井　いや、お亡くなりになったんですよ。

土井たか子　え？　え？　何？　病気はしてるよ。病気はしています。
「ナッシングではないから、亡《な》くなっていない」

酒井　では、いつから入院しているのですか。

土井たか子　え？　それは……。

酒井　いつから入院しているのでしょうか。

土井たか子　いや、もう年だから、そんな細《こま》かいことを言われても分からんけども……。うーん。

酒井　あっ、では、まだ病気ですか。

土井たか子　そらあ、そうでしょう。そらあ、そうでしょ？

酒井　ああ、そうですか。

土井たか子　そらあ、そうでしょう。ねえ?

酒井　ご健在というか、これから、まだ仕事をされようと?

土井たか子　「健在」って、どういうこと?
　言葉を正しく使ってくださいよ。何をおっしゃるんですか。年寄りだと思って、あなた、バカにしてるでしょう?

酒井　今日は、何月何日でしょうか。

土井たか子　そんなの、忘れたわよ!

酒井　新聞などは読める状態ではない？
土井たか子　それは無理だわ。そらあ、もう駄目《だめ》だわ。もう、それは、ちょっと……。
酒井　今、ニュースなど、そういうものが聞ける状態では……。
土井たか子　うーん、分からない、分からない、分からない、分からない、分からない。
酒井　ああ、そうですか。
土井たか子　うーん……。

酒井　今は、二〇一四年の十月二日なんですよ。

土井たか子　今……、ああ、そう。

酒井　ええ。さらに、巷《ちまた》の新聞等で発表されていることによると、「土井たか子さんは、二〇一四年の九月二十日《はつか》に、お亡《な》くなりになった」と出ています。

土井たか子　ふうーん。亡くな……。なんで亡くなるわけ？　いるよ。ここにいるじゃないの。

酒井　朝日新聞にも出ていました。

土井たか子　なんで？　いるのに、なんで亡くなるの？
「亡くなる」っていうのは、「なくなること」でしょう？

酒井　あ、はい。

土井たか子　ほんとに、「ナッシング（nothing）」っていうことじゃない？

酒井　では、まだ生きていらっしゃる？

土井たか子　ナッシングじゃないもん。だから、亡くなってないよ。

酒井　そうですか。

土井たか子　あるわよ。「当然、イエス・キリストが迎《むか》えに来る」と思っている

酒井　土井さんは、信仰《しんこう》などはお持ちだったのですか。

土井たか子　まあ、ちょっとは……。いや、まったくないわけではなかったと思うけど。

綾織　キリスト教徒とも言われていたようですね。

土井たか子　ええ、そう。いちおう、同志社《どうししゃ》はキリスト教だからね。

酒井　なるほど。

土井たか子　だから、「まったく縁《えん》がない」というわけではないけど、「政治思想と宗教思想と、どっちに引っ張られるか」といえば、そらあ、政治思想のほうに引っ張られるかなあ。

酒井　そうですか。

綾織　キリスト教を理解されるのであれば、キリスト教会では、「亡くなると、天国に還《かえ》る」という話になりますよね。

土井たか子　ああ、話は、そう……。それは……、ああ、そうかあ。そういう〝あれ〟はあるねえ。そうか、そうか、そうか、そうか。

ああ、そうかあ。「亡くなる」っていうことは、そういうことかあ。

ああ、そうかあ。天国へ行かなきゃいけないんだ。

酒井　最近、今まで見たことのないような人に、お会いになったことはありますか？

土井たか子　いやあ、ちょっとねえ、意識が朦朧《もうろう》としているからあ。

酒井　寝《ね》ている最中《さいちゅう》の出来事、つまり、夢でもいいですけれども。

土井たか子　そんなに、はっきりとは分からない……。

それに、私が死んだら、キリスト教であれば、そらあ、当然、イエス・キリストが迎《むか》えに来な、いかんだろねえ。

酒井　なるほど。

自分の「お葬式《そうしき》」が行われたことを認めない土井たか子氏

酒井　あの、お葬式《そうしき》……。

土井たか子　え？　私が、亡くなって、死んだって？　そんなの、まだ認めないわよ。何言ってんのよ。

酒井　（苦笑）お葬式をされているような雰囲気《ふんいき》はありませんでしたか。あるいは、お坊《ぼう》さんか、キリスト教か分かりませんけれども、そういう、お葬式が……。

土井たか子　ああ、確かに、なんか、大勢の人が……。

酒井　大勢の人が来たような気がしませんか。

土井たか子　何かやってるようなのを見たような、聞いたような、遠くから眺《なが》めたような……。何となく、テレビで観《み》たのか……。何か……。

酒井　そのときの写真は、誰《だれ》の顔でしたかね。

土井たか子　うーん……、もうちょっと若い顔だったような……。

酒井　誰の？

土井たか子　いや、私の写真……。ああ、でも、よくあることだから。偉大《いだい》な政治家とかは、飾《かざ》られるよね。

酒井　ただ、そんなに大勢の人が来て、そういった状態になったときというのは、ほぼ、亡くなられたときでしょう？

土井たか子　いや、勲章《くんしょう》とかをもらうと、そういう感じはあるんじゃないの？

酒井　だけど、そのときに、泣いている方などはいらっしゃいました？

土井たか子　そらあ、感極《かんきわ》まって泣く方ぐらい、いるんじゃゃ……。

酒井　いや、なぜ、そのような勲章をもらったときに、周りの人が泣くのですか。

土井たか子　ノーベル賞でももらったのかしら、私。

酒井　まあ、では、それを見ていらっしゃったのですね？

土井たか子　うん？　いや、そらあ、何となく、何かあったような感じはある。

酒井　何かがあったような感じがしますね？

土井たか子　ある、ある。何か、人が集まった感じはありますねえ。うーん。すでに他界《たかい》した市川房枝《いちかわふさえ》がお見舞《みま》いに来た

酒井　それで、そのあと、何をしていました？

土井たか子　だから、病気してたんだよ。

酒井　「誰か、懐《なつ》かしい人と会った」とか……。

土井たか子　（腕組《うでぐ》みをして）うーん？

酒井　「こんなところで会うはずないのに」と……、まあ、これも、夢で見たのかもしれませんけれども……。

土井たか子　ああ、夢にね。

酒井　ええ。

土井たか子　夢ねえ。ああ、夢っていうのはあるわ。

酒井　ええ。

土井たか子　そのー、ああ……、いち……、市川《いちかわ》……、え？　うん？

酒井　市川房枝《ふさえ》さん？

土井たか子　そうそう。市川房枝先生が、お見舞《みま》いに来てくれたような……。

酒井　夢のなかで？

土井たか子　夢って言われても……。夢？　ああ、でも、あの方は、亡くなってるわね。

酒井　ええ。亡くなっていますよ。

土井たか子　一回、見舞いには来てくれたよう……。

酒井　市川さんは、あなたに、何をおっしゃっていました？

土井たか子　うーん……。「よく頑張《がんば》ったね」と言ってくれて……。

酒井　「よく頑張ったね」？　「頑張ったね」ということは、「もう終わった」ということではないですか。

土井たか子　え!?　それは、どういうことかな？　いや、私は現役《げんえき》を引退してますから、「頑張ったね」って言うことはいいんじゃないの？

酒井　ああ……。

土井たか子　だから、なんか、「自分ぐらい頑張った」「自分と同じぐらい頑張った」ということを……。

酒井　そういうことをおっしゃった？

土井たか子　うん。

酒井　それは、いつぐらいの話ですか？　最近でしょうか。

土井たか子　うーん、それは最近だねえ。

酒井　その写真を見たあとかどうか……。
土井たか子　ええ？　はあ……、そらあ、分からん。それは、ちょっと分からない。
酒井　分からない？
土井たか子　うん、うん。分からないけど、病院に来たような気が……。
酒井　病院に来た？
土井たか子　そうじゃないかなあ。

酒井　病院には来ないですよね？　夢でないと……。

土井たか子　え？　病院には来ないかなあ。あれ？　そうか。病院には来ないかな。

酒井　ええ。

土井たか子　おかしいな。なんか、見舞いだったような気がするな。

酒井　握手《あくしゅ》したりとか、そういうことは？

土井たか子　いや、分からない。それは、ちょっと分からない。

酒井　分からない？

土井たか子　握手なんか、そんな気安くできるような方ではなかった……。

質問者の質問の意図が分からず困惑《こんわく》する

酒井　あと、外国人などを見たことがないですか？

土井たか子　え？

酒井　外国人です。

土井たか子　病気してるときに、外国人に会うかって……。

酒井　ああ、夢でもいいですよ。

土井たか子　外国人？　うーん……、外国人……。

綾織　北朝鮮《きたちょうせん》の方とか……。

酒井　あるいは、ロシアの方とか？

土井たか子　うーん……。言ってることが「非現実」で、ちょっと、よく分からない……。

酒井　いや、「夢」として考えましょう。

綾織　「イメージ」でいいのですけれども……。

土井たか子　何？　そらあ、私も、年を取りましたけどねえ……。
あのねえ、年寄りを騙《だま》す詐欺《さぎ》が流行《はや》ってるのは知ってるけどね……。

酒井　（苦笑）

土井たか子　年を取ったけど、まだ、八十五歳《さい》なんだからね。まだ、あんたがたにバカにされるほど、完全にバカじゃないのよ。

酒井　いやいやいやいや。では、夢のなかでもいいですよ。

土井たか子　え？

酒井　今は、「夢分析《ぶんせき》」などもありますからね。

土井たか子　ああ。まあ、それはある。

酒井　ええ。「どういう心境か」ということを、夢から分析できます。夢のなかで、めったに会わない人に会いませんか。

土井たか子　うーん……。

酒井　市川さんだけですか。

土井たか子　うーん……。うーん……、よく分からんことを訊《き》くねえ。何が言いたいんだろう。

確かに、病気はしているからねえ、そんなに人に会ってはいけない。絶対安静ですよ。ねえ？　だから、そんなに会ってはいけないから……。

バカにされていると誤解する土井たか子氏

土井たか子　うーん……、何だか、あなたがたと話してると、頭が痛くなってくるわ。（質問者に）変な人たちね。あんたがた、大丈夫《だいじょうぶ》？

酒井　いやいや（苦笑）。

土井たか子　お医者さんでもないみたいだし……。

酒井　ええ。「幸福の科学」をご存じですか？

土井たか子　ああ、それは知ってる。聞いたことがある。

酒井　今、幸福の科学に来ていただいているんですよ。

土井たか子　ふーん……。え？　どうして、どうして、どうして？　どうして、幸福の科学に来るの？　なんで？

酒井　（モニターを指して）今、あなたの顔は、こちらに映っていますけれども……。

土井たか子　映ってないわよ。

酒井　え？

土井たか子　私は、どこにも映ってないわよ。（モニターを指差して）映ってない。違《ちが》う人よ。

綾織　でも、話をされていますよね？

酒井　あなたは、今、どういう服を着ていますか。

土井たか子　え？

酒井　どういう服を着ているか、見てくださいよ。

土井たか子　（服を見ながら）うん？　うん？　うん？　いや……。え？　何これ？　なんか変な感じね。何これ？　なんか、〝学芸会〟でもやってるのかしらね。なんか、変な感じだわね。

これ、私じゃないわよ。私の体じゃないわよ。

酒井　違うと？

土井たか子　うん。違う。

酒井　では、どうして、今、そこにいらっしゃるのですか。

土井たか子　年寄りだと思って、あんたがたが、今、何かやってるんでしょう？

酒井　ああ、そういうことですか。

土井たか子　うん。バカにしてるでしょ？

酒井　分かりました。では、こういう話については、この程度にしましょう。

土井たか子　ええ。

3 「尖閣《せんかく》問題」「北朝鮮拉致《きたちょうせんらち》問題」「従軍慰安婦《じゅうぐんいあんふ》問題」についての見解

現在の日本の政治状況《じょうきょう》に対する見解とは

酒井　あなたは、最近の政治状況《じょうきょう》などについて、気にされていますよね？

土井たか子　うーん……、うん。まあねえ。安倍《あべ》さんになってからは、もう本当に、日本は崖《がけ》から転げ落ちるような感じだからねえ。

酒井　え？　それは、どのへんの話ですか。

土井たか子　いい国だったのにねえ。こんなに悪くなっていくとはねえ。まさかねえ……。

綾織　いちばん気になっているのは、何ですか。

土井たか子　ええ？　だから、あの……。

綾織　集団的自衛権とか……。

土井たか子　うんうん。軍国主義が復活してるんでしょう？

綾織　軍国主義？

土井たか子　これはいかんね。これを食い止めるために、私が頑張《がんば》ってきたのに、私の一生が無駄《むだ》になるでしょう。せっかく頑張ってきたのにねえ。どうして、日本の国民の民意は、何て言うか、正しい者を応援《おうえん》して、間違《まちが》った者を防ごうとしないのか、分からない。なんか、ヒットラー登場のときのような感じがする。胸騒《むなさわ》ぎがする。

綾織　ただ、国民のなかでも、明確に反対しているのは、極《きわ》めて少数です。

土井たか子　いやあ、国民が、うまいこと騙《だま》されてるんじゃないかな。

綾織　騙されている？

土井たか子　うーん。
「中国は、自分から攻《せ》めるようなことはしない」
土井たか子　ああ、心配だわあ。これについては、韓国《かんこく》や中国も、ずいぶん怒《おこ》ってるっていう話だから、よくないんじゃないの？　ほんとに。やっぱり、アジアの平和は大事ですよ。
綾織　逆に、中国のほうが、その平和を壊《こわ》す動きを始めていますので、それに対応しているんですよ。
土井たか子　そんなバカな……。そんなことはないでしょう。
綾織「中国は、そんなことはやらない」と？

土井たか子　平和な国ですから、そんなことはない。

綾織　ああ、〝平和な国〟ですか。

土井たか子　中国は、大国ですし、昔から平和な国ですからね。そらあ、攻《せ》めてくるような国に対して戦うことはあっても、自分から外国を攻めるような、そんなバカなことしませんよ。

綾織　ああ……。

ただ、尖閣《せんかく》についても、中国は、「今すぐにでも取りたい」という、そういう行動を起こしていますけれども……。

土井たか子　「取りたい」っていう言い方はないんじゃないの？　こんなのは、法律に則《のっと》って判断されるべきことだから、別に、そんな、「戦争」や「略奪《りゃくだつ》」みたいな言い方は、失礼なんじゃない？

綾織　え？　法律に則って、尖閣を中国にあげればいいのですか。

土井たか子　うん？　いやあ、それは……。まあ、私は現役《げんえき》でないから、そのへんについては、社民党の見解を聞いてもらわないと、ちょっと分からないけども、向こうが領有権を主張している以上、それは、法律的に決着をつけなければいけないでしょうねえ。

北朝鮮《きたちょうせん》による日本人拉致《らち》を正当化する

綾織　まあ、よく分かりませんけれども、外交関係について、土井さんは、今まで、野党党首でいたことが多かったですけれども、そのなかで、すごく気になる部分は北朝鮮《きたちょうせん》なんですよね。

土井たか子　うん、うん。

綾織　北朝鮮と社会党とは、非常に近い関係で……。

土井たか子　近い？

綾織　ずっと、議員外交をされてきていました。

土井たか子　そらあ、そうでしょう。

綾織　はい。

土井たか子　日本の戦前から、三十五、六年、日帝《にってい》支配を受けてねえ、それで、あんなに貧しい悲惨《ひさん》な国ができてしまったんだから、架《か》け橋になって、何とかして、あの国を支えてあげなきゃいけないでしょう？

キリスト教精神に則っても、そういうことよね。

綾織　キリスト教精神ですか。

土井たか子　うーん。

綾織　ただ、その間に、たくさんの日本人が、まあ、一説には、百人以上と言われていますけれども、拉致《らち》されていっているわけですよね？

土井たか子　それは、はっきり分からないけども……。

綾織　はっきり分からないのですか。

土井たか子　だって、「日本人が、朝鮮人を二十万人も三十万人も強制連行した」とかいう話もあるぐらいだから、まあ、百人ぐらいの話を言われても、ちょっと……。ねえ?

酒井　では、「それ(拉致)は問題ない」と?

土井たか子　え?　いやあ、分からない……。はっきりした証拠《しょうこ》はないから、分かんないですけれども……。

「日本がやった蛮行《ばんこう》に比べれば、拉致《らち》は些細《ささい》なこと」

酒井　まだ、この拉致問題が明確にならないとき、一九八〇年代でしょうか。あなたのところに、拉致被害者《らちひがいしゃ》のご家族の方が相談に来ましたよね？

土井たか子　うーん……。

酒井　ただ、それについて、あなたは、そのまま何もせずに終わっていたはずなんですけれども……。

土井たか子　だって、やっぱり、両国の関係を悪くしたら、何事も前進しない……。

酒井　しかし、当時、明確に北朝鮮《きたちょうせん》とパイプを持っていたのは、あなただったはずなんですけれども……。

土井たか子　うーん……。そう……。

酒井　実情を知っていらっしゃったのですよね？

土井たか子　そうだねえ、まあ、そうねえ……。私が、「日本の良心」だから。良心というか……。

酒井　その依頼《いらい》を受けたときに、どう思われましたか。「拉致は真実だな」と……。

土井たか子　まあ、そらあ、戦前の日本の悪行《あくぎょう》の数々から考えれば、「多少、自制心のない方で、個人的に復讐《ふくしゅう》したいっていう気持ちを持ってる人も、一部にはいるのかなあ」とは思うけど、日本がやった蛮行《ばんこう》から比べれば、それは、「ほんの些細《ささい》なこと」で、まあ、全国民が聖人君子《せいじんくんし》ではないからね。やっぱり、そういうことが起きることは、あるかもしれない。

酒井　ただ、あなたは、おそらく、「朝鮮総連が何をやっていたか」も、全部ご存じだったわけですよね。

土井たか子　「何をやってたか」って、なんか、価値判断があるような言い方をなされるけど、向こうだって、日本に対する外交機能が必要ですからねえ。

酒井　われわれからすれば、「潜入《せんにゅう》したスパイ」なのですけれども、あなたからすれば、「友好関係にある人たち」で……。

土井たか子 「潜入したスパイ」ってことはないでしょう。やっぱり、土地も建物も持って、ちゃんと、大使館の代わりみたいにやってたわけですから。

酒井 ああ。

土井たか子 だから、かわいそうですよねえ。そういう「正式な外交が樹立できてない状態に置かれる」っていうのは、非常に悲惨ですよねえ。日本に国は取られるわ、戦後は南北の戦いで国が引き裂《さ》かれるわ、日本とかかわったために不幸の連続ですよねえ。ほんと、「かわいそうな人たち」なんで。

酒井 うーん。

「殺してもいいのに、拉致《らち》なら悪意はない」

綾織　では、「拉致《らち》被害が出ている」ということは、実はずっと前から知っていて、でも、「日本としては、やられてもしょうがないんだ」という判断をされていらっしゃいますか。

土井たか子　いやあ、それは、中国とか、朝鮮《ちょうせん》半島の人が、「昔、倭寇《わこう》で日本人が荒《あ》らしに来た」って言ってるようなもんだから、今の日本人に「責任を取れ」って言われても、ちょっと取れないようなところがあるじゃない。倭寇があったわけだから、向こうもある……。

酒井　ただ、それは昔の話であって、拉致被害は現在進行形の話なんですけど。

土井たか子　まあ、向こうの〝大元帥《だいげんすい》〟が、「自分たちがやったようなことを認めたこともあった」というようにも聞いてはいるけど、もしかしたら、そうではないけども責任を取って、認めたのかもしれないからね。

軍部の一部が本当に「上陸演習」でやっていて、上陸演習が見つかったために、そういう「秘密封《ふう》じ」で「連れ去った」っていうことがあったかもしれないけど、それを共産党の書記が、「自分の責任だった」と言ったなら、「自分がやってないことまで責任を認めた」っていうことだから、それは〝偉大《いだい》な行為《こうい》〟だよねえ。

酒井　いまだに、「そういう可能性もある」というお考えだと?

土井たか子　うん。そらあ、やっぱりあるんじゃないですか。日本だって、アメリカだって、ほかの国だって、闇夜《やみよ》に乗じて特殊《とくしゅ》部隊が上陸演習をやってますからね。

だから、(北朝鮮は)上陸演習を日本海側でやってたんだろうと思うんだけど、そのときに、たまたま見つけた人とか、発見した人がいたらまずいじゃないですか。そういう人を連れて行ったりしたことは、あったかもしれないけども、それは〝偶《ぐう》然《ぜん》の事故〟なんじゃないですかねえ。

酒井　それは〝事故〟とは言わないですけどね。

土井たか子　ふーん、そうかねえ。

酒井　見つかった段階で、なんで拉致するんですか。

土井たか子　いや、普通《ふつう》は、その場で「殺してもいい」わけだからさあ。

酒井　殺してもいいんですか!?

土井たか子　軍事的にやってないわね。

酒井　軍事的に、勝手に日本の領土に来てます。

土井たか子　軍事的に口封じなら殺してもいいところを、もし、「連れて帰った」っていうんなら、そんなに悪意じゃないよね。

酒井　そういう思想を持っているんですね。なるほど。

北朝鮮《きたちょうせん》の金正日《キムジョンイル》・元総書記は「日本の総理よりずっと格上」

酒井　では、金正日《キムジョンイル》についてはどう思っていらっしゃいますか。

土井たか子　うん？　金正日？

酒井　二代目ですね。今の金正恩《キムジョンウン》じゃなくて、その前の総書記だった金正日です。

土井たか子　ああ、そう、そう、そうだ。

酒井　あなたが会っていたのは、金正日ですよね。

土井たか子　うん、うん。そう、そう、そう、そう。

酒井　すごい方ですか。

土井たか子　それは恰幅《かっぷく》のいい、立派な方なんで。あんな小さな国のリーダーにしてはね。

酒井　日本の総理大臣と比較《ひかく》して、どうでしょうか。

土井たか子　それは、向こうのほうが、ずーっと、ずっと格上だと思いますね。

酒井　格上ですか。

土井たか子　うーん。

酒井　どういう点においてですか。

土井たか子　なんか、「全責任を感じてる」感じがありました。

日本の総理大臣はそんなに感じてないから。もう、「自分の任期中だけ何とかもてばいい」っていう。

酒井　なるほど。北朝鮮《きたちょうせん》の核《かく》兵器保有の噂《うわさ》はブラフ（はったり）か？

酒井　北朝鮮《きたちょうせん》は核《かく》兵器とかも開発しているんですけれども、それはいいのでしょうか。

土井たか子　まあ、噂《うわさ》としてはありますけどもね。ただ、アメリカとかに狙《ねら》われてますからねえ。やっぱりそれは、そう言うぐらいのブラフ（はったり）かもしれない。

酒井　でも、日本とかにも核兵器は向いてますけど。

土井たか子　ブラフかもしれないけども……。

酒井　いやいや。ブラフじゃなくて、もう発表していますからね。

土井たか子　ええ？

酒井　金正恩《キムジョンウン》のことは知っていますよね。

土井たか子　うん、うん。

酒井　金正恩は金正日の息子《むすこ》です。

土井たか子　うん、うん、うん、うん。

酒井　その人も、そう発表していますからね。

土井たか子　だけど、実際は使ってないから。だから、本当にあるかどうかは、まだ分からない。

酒井　日本に向けられてもいいのですか。

土井たか子　いや、だから、「向けてる」ということで、「防衛してる」かもしれないから。

酒井 「日本が何か悪いことをする」と?

土井たか子 別に、核兵器を日本に撃《う》ち込《こ》んでないじゃない。「北朝鮮《きたちょうせん》は〝平和を愛する諸国民〟だから、ミサイル訓練は正当な権利」

酒井 いや、核ではないですが、ミサイルは日本の上空を飛びました。

土井たか子 まあ、ミサイルの訓練ぐらい、どこもやってることですから。

酒井 失敗して落ちたら、人が死にます。

土井たか子 国ですからね。主権国家としては、軍隊持って撃たせる……。

酒井　では、日本が北朝鮮《きたちょうせん》の上空にミサイルを飛ばしても、問題ないですか？

土井たか子　いや、それは戦争になるでしょ！

酒井　しかし、向こうが飛ばしても戦争にならないですよ。

土井たか子　そらあ、向こうは〝平和を愛する諸国民〟ですから。

酒井　平和を愛しているんですか？

土井たか子　それはそうでしょ。だから、「日本国憲法」をよく読みなさいよ。日本の軍部が独走して、先の大戦を引き起こして、世界に災《わざわ》いの種をいっぱい撒《ま》いたけども、戦後その反省から出発して、日本は非武装ということで……、まあ、本当は「非武装中立」がいちばん望ましいことですね。

酒井　ああ、なるほど。

土井たか子　でも、彼ら（北朝鮮）は正当な国家として、自分たちの国を護《まも》る権利はありますから。別に、それはいいんじゃないですか。

「日本が乱暴狼藉《らんぼうろうぜき》の気配《けはい》を見せている」

綾織　憲法に書いてあることが、絶対的に正しいわけですか。

土井たか子　それはそうですよ。（私は憲法を）教えてたんですから、間違いないです。

衆議院議長もやってたんですから、間違いないです。

綾織　それは、直接的には関係ないかもしれませんが、周辺国は「平和を愛している」ということですか。

土井たか子　それはそうでしょう。

綾織　「日本のみ」を抑《おさ》え込まないといけない？

土井たか子　それはそうですよ。あの友好国であるべき韓国でさえ、安倍政権に対してはものすごい〝総スカン〟をしてるし、中国では日系企業《きぎょう》だって何回も焼き討《う》ちされたって聞いてるから、それだけ憎《にく》まれるっていうのはねえ……。

綾織　いえいえ。民間企業は関係ないですよ。

土井たか子　だから、戦後の出発点、原点を考えれば、「日本が増長して、そういう乱暴狼藉《らんぼうろうぜき》の気配《けはい》を見せてる」ということだと思うんだよね。

綾織　何もやってないですよ。

土井たか子　ええ？

「被害者《ひがいしゃ》が訴《うった》えているから、慰安婦《いあんふ》問題は事実そのもの」

酒井　そうしますと、あなたは「慰安婦《いあんふ》問題」というのを、どう捉《とら》えているんですか。

土井たか子　いや、それは「事実」そのものでしょう。

酒井　事実なんですか。

土井たか子　それはそうでしょう。被害者《ひがいしゃ》が訴《うった》えてる。

酒井　あなたはどこからその情報を得たのですか。

土井たか子　被害者が訴えてるんだから、それはそうでしょう。「私がされた」って言ってる人がいる。

酒井　最近の朝日新聞の報道は、ご存じですか。

土井たか子　最近のは、そんなによくは知らないんだけど、なんか、ちょっと……。

酒井　「誤報であった」というのは知っていますか。

土井たか子　いや、それは、そんなによくは知らない。よくは知らないけど、ガタガタしてるらしいことは分かるけど。

酒井　あの誤報に基《もと》づいて、あなたは判断していますよね？

土井たか子　朝日新聞が記事に書こうが書くまいが、事実でしょう。それは戦後、間もなく明らかになったことですから。戦争中も知ってる人はいっぱいいましたから。

綾織　戦後はそういう話はなかったんですよ。

土井たか子　いや、いや。

綾織　一九八〇年代に出てきたのです。

土井たか子　東京裁判のときには、もう明らかになってましたし。

綾織　いえいえ。慰安婦問題というのは、八〇年代ですよ。

土井たか子　東京裁判になる以上、その何年か前から、戦争中から中国や朝鮮半島のほうから、訴え続けてる人はいっぱいいましたからねえ。それは、朝日新聞は関係ない。

綾織　実際には、実情を知ってる人たちが健在なときには、そういう話は出てこなかったわけです。

土井たか子　それは日本が怖《こわ》かったんじゃないですか?

綾織　実態は、よく知られていたからですよね。

土井たか子　日本人が何か制裁しに来るか、たぶん日本の右翼《うよく》が乗り込んできて殺しに来るとかね。

酒井　いや、そんな力はないですから。

土井たか子　だって、おばあさんたちだから、それは「怖い」でしょう。

酒井　昨日話したように、李承晩《りしょうばん》に島を取られたぐらいですから、戦後は日本に力はなかったんです（注。二〇一四年十月一日に収録した「広島大水害と御嶽山噴火《おんたけさんふんか》に天意はあるか」のなかで、李承晩と思われる霊《れい》が登場した。前掲《ぜんけい》『広島大水害と御嶽山噴火に天意はあるか』参照）。当時の日本には、何の発言権もなかったですよ。

土井たか子　でも、やっぱり、（日本は）いつ牙《きば》を剥《む》くか分からない国だからね。それはね。私たちが見張ってなければ、いつ牙を剥くか分からない。

酒井　あなたは戦前の生まれですよね。戦時中に日本が負けていく段階で、「悲惨《ひさん》さ」を感じた

土井たか子　そう。

酒井　戦争中はどういう体験をされていたのですか。

土井たか子　まだ、そんなに大人にはなってはない。大人にはなってないけど、日本の悲惨《ひさん》なところは、ものすごくよく知ってるし、学徒動員を受けて、みんな工場で、女性たちもいろいろ生産させられたりねえ。

竹槍《たけやり》や薙刀《なぎなた》の訓練をやってるのを知ってるし、もう本当に大勢の人が死んでねえ。日本人もたくさん、三百万人も死んだけど、「（日本軍が）アジアでは二千万人も殺した」とも言われてるから、もう二度と、こんな悲惨なことをしてはならないと本当に思ってますよ。

酒井　当時、あなたは戦争中から、「日本はおかしい」と思っていたわけですか。

●二千万人説　実教出版『高校日本史Ｂ新訂版』等には「約二〇〇〇万人をこえ」という記述があるが、その内訳は、死傷者や餓死者、明らかな誇張等まで合算して水増しさせた根拠不明の数字であるとの指摘があり、実数はその10分の1から20分の1と推計されている（秦郁彦編『昭和史20の争点』による）。

土井たか子　まあ、それは、まだそこまでの意識がなかったから分からないけど、やっぱり負けていく段階では、「悲惨だなあ」ということはすごく思ってました。

4 「社会党と朝日新聞は、日本の良心だった」

「キリスト教的な自己犠牲《じこぎせい》の精神を伴《ともな》う左翼《さよく》思想」が社会主義

酒井　あなたは「社会主義」と言っていいんですか？　それとも「共産主義」と言ったほうがいいですか。

土井たか子　社会主義……。まあ、社会主義かな。うん。社会主義だ。

酒井　では、ソ連とは一線を画《かく》していたわけですか。ソ連の思想やスターリン、レーニンです。

土井たか子　うーん。まあ、ずばり共産党と一緒《いっしょ》ではないからね。

酒井　どこが違《ちが》うんですか。

土井たか子　やっぱり、そう、そう、「キリスト教的な犠牲《ぎせい》の精神を伴《ともな》う左翼《さよく》思想」が社会主義だよね。

中国語を学んだのは「先見《せんけん》の明《めい》があったから」

酒井　終戦直後、最初は京都女子専門学校というところで、「支那《しな》語（中国語）を学んでいた」ということですが、このへんはなぜなのでしょうか。

土井たか子　何だか細《こま》かいことをいろいろ言うわね。

酒井　中国語は、なぜ学ぼうと思ったんですか。

土井たか子　あなたねえ、ちょっともう一回、憲法とか勉強して、人権とかプライバシーとか、そういうものをもうちょっと勉強なさったほうがいいっていう……。

酒井　それは、プライバシーとかの問題ではないんじゃないですか（苦笑）。あなたは政治家で、「公人《こうじん》」なんですから。

土井たか子　えっ？　そんなの関係ないよ。関係ない。関係ないじゃない。そんな、中国語を勉強して、なんか悪いことでもあるわけですか？

酒井　いや、悪いことではないですけど。

土井たか子　ええ？　別に、〝泥棒《どろぼう》〟の仲間に入って、〝泥棒術〟を学んだというわけではないのに。

酒井　いや、逆に中国語を学ぶことが、そんなに人権侵害《しんがい》になるんですか。

土井たか子　別に、隣国《りんごく》じゃないの。私らのころは、中国が、ちょうど躍進《やくしん》中だったからねえ。

酒井　ああ、そうですか。

土井たか子　それは、やっぱ、「先見《せんけん》の明《めい》があった」と言ってほしいなあ。

酒井　ほお。

「護憲」と「日本人の戦後教育」に使命感を感じた

酒井　やはり、「中国に興味はあった」ということですか。

土井たか子　「興味はあった」って……。あんた、変なことを……、変な人やねえ。

酒井　たぶん、毛沢東《もうたくとう》とか……。

土井たか子　あんた、〝変な人〟よねえ。

酒井　いや、いや。だから、今、インタビューしているので、生《お》い立ちとか……。

土井たか子　それは、インタビュアーはね、変人が多いわよ。まあ、そのとおりよ。

酒井　ええ。はい（苦笑）。

土井たか子　そのとおりだけども、やっぱり、戦後だからねえ。

酒井　ええ。

土井たか子　だから、新しい憲法ができて、私も憲法学を志して、そうやったときに、「日本の犯罪的行為《こうい》はアジア全般《ぜんぱん》に及《およ》んでいるけれども、特に中国と朝鮮《ちょうせん》半島の人々には多大な迷惑《めいわく》をかけたから、このへんについてしっかりと勉強して、調査しなきゃいけない」っていう気持ちは、それはあって当然でしょう？

酒井　なるほど。そのあと、憲法を学んだのですか。

土井たか子　ひどい言い方をしますよね。私、教えてたのに。

酒井　はい。ただ、やったのは講師ですよね。

土井たか子　だから、なんであなたは、そうして人を〝引きずり下ろす〟ような言い方をするんですか。

酒井　いや、引きずり下ろしてないじゃないですか。

土井たか子　性格悪いじゃないの。

酒井　中国や憲法って、何の問題もないじゃないですか。

土井たか子　いや、何かにねえ、言い方に毒があるのよ。

酒井　えっ、毒？　では、具体的に何が嫌《いや》なのか言ってください。

土井たか子「同志社《どうししゃ》大学で憲法を教えてた」と言ったら、みんなは教授かなと思うでしょ？

酒井　はい。

土井たか子　それでいいじゃない。

酒井　講師ですよね？

土井たか子　そこ！　なんで、それをわざわざ「講師だ」ってことを確認するんですか？（会場笑）

酒井　（笑）いや、「教授」というのは、少し言いすぎだなと思いまして。

いや、「中国語を学んでいた人が、なぜ、急に憲法に目覚めるのか」というのは、よく分からないんですけど。

土井たか子　それはそうですよ。中国に対する犯罪的行為を反省して、憲法を護《まも》らなきゃいけない。護持、護憲ということを、しっかりやらなければいけないし、「憲法を日本人にしっかり教えて、戦後の日本人を教育しなければ駄目《だめ》だ」ということに使命感を感じたからよ。

酒井　なるほど。それが出発点ですね。
戦前の日本人は〝日本民族人〟で、戦後の日本人は「コスモポリタン」

綾織　「戦後の日本人を教育する」というのが、何となく、「日本人ではないような立場に立たれている」という気がするのですけれども。

土井たか子　いや、戦前の日本人とは違うわよ。

綾織　うーん。

土井たか子　戦前の日本人は、〝日本民族人〟だけれども、戦後の日本人は「コスモポリタン」になったわけなのよ。「世界人」になったわけよ。

綾織　日本人であってはいけないのですか。

土井たか子　だから、「非武装中立を貫《つらぬ》いて、世界の尊敬を集める国家になろう」と決意したわけよ。精神的で、非常に礼儀《れいぎ》的な国家になって、宗教的なキリストの精神そのものを体現した国家が、戦後の日本なのよ。

綾織　社会党の非武装中立の本質的なところは……。

土井たか子　キリスト教精神なのよね。だから、人に対して害を与《あた》えず、自らは自己犠牲のなかを生きてでも、他人を愛する。これが、社会党の本当の精神ですね。

綾織　よく言われていることなのですけれども、その「自己犠牲」は、ソ連がいつでも攻《せ》めて来てもいいように……。

土井たか子　あなた、どうして笑いながら質問するわけ？

綾織　（苦笑）いや、いや、いや、普通《ふつう》……。

土井たか子　もうちょっと、普通の顔、できないの？

綾織　いや、フレンドリーにやっていきたいなと思いまして……。

土井たか子　あっ、そうですか？　ふうーん。なんか、バカにしてるような感じがする……。

綾織　いえいえ（苦笑）。敬意を持っています。

土井たか子　そうですか。

「〝朝日新聞問題〟じゃなくて、〝産経新聞問題〟ならよかった」

酒井　彼（綾織）は、元産経新聞（記者）ですからね。

土井たか子　ああ、それは……。（産経新聞って）まだあるの？

酒井　（苦笑）

土井たか子　もう、「朝日新聞問題」じゃなくて、〝産経新聞問題〟が起きたらいいのに。ねえ。あれがなかったら、韓国《かんこく》や中国との仲も、ものすごくよくなるのにね、あの新聞がなかったら。

酒井　いやいや、そんなことはないです。

綾織　社会党も朝日新聞も、ある意味で、運命共同体みたいなところがあって、今、同じような結果になってきているかと思いますけれどもね。

土井たか子　まあ、そういう言い方もあるけど、良心だったからね、日本の。社会党と朝日新聞は……。

綾織　うーん。本当の良心だったかどうかが、今、検証されているのだと思いますけれども……。

土井たか子　だから、それは、私が……、ええ？　死ぬって？　まあ、死んでないけども、死にそうになるぐらいの歳《とし》になって、重体になって、日本の良心が失われる、輝《かがや》きが失われるっていうことは、そら、そうだよ。

土井たか子氏の役割は「天照大神《あまてらすおおみかみ》」のようなものだった!?

綾織　では、今日は、その「良心なのかどうか」というところも少し知りたいと思います。

土井たか子　まあ、現代のねえ、私は、現代の日本の、まあ、信仰《しんこう》的にいえば、〝現代の天照大神《あまてらすおおみかみ》〟みたいなもんなわけよ。

酒井　あっ、では、日本神道《しんとう》は尊敬しているわけですか?

土井たか子　いや、そらあ、別に、日本の歴史があること自体は否定しているわけじゃないけどもね。

酒井　神道を肯定《こうてい》する社会党委員長って……。

土井たか子　いや、もし、いたとしたらね。いたとしたら、戦後日本が新しい国づくりをして、戦前と、もう分断して、国をもう一回つくり直そうとしてたわけですから、そのときの〝天照大神的存在〟があるとしたら、私でしょうね。

酒井　では、皇室は否定していない？

土井たか子　いや、否定してますけど。

綾織　はあ？

土井たか子　まあ、いちおう否定はしてますけど。ただ、勲章《くんしょう》をもらうときは否定しないけども。

酒井　けっこう、節操《せっそう》のない人ですね、あなたは。

土井たか子　うーん、まあ……。

「自分の死後、批判があった」という話に驚《おどろ》く土井たか子氏

土井たか子　あれ？　あなた、年幾《いく》つよ？　何歳《さい》の人に対して、何歳で言ってるわけ、この子。

酒井　ああ、私、五十ですけど。

土井たか子　たかが五十で、ええ？　まあ、五十ったら、ちょっとは、あなた、「四十《しじゅう》にして惑《まど》わず」でしょう？　もう、五十は知らんけども、五十にして迷うとるんだよ。ね？

酒井　あなたは、だけど、そうした年齢云々《ねんれいうんぬん》よりも、なぜ、今、話をそらしたのですか？

土井たか子　だから、それは、年寄りに対して尊敬の念がないからさあ。

酒井　儒教《じゅきょう》を、あなたは信じていらっしゃる？

土井たか子　儒教じゃなくて、世界共通に、やっぱり、老賢者《ろうけんじゃ》に対しては敬意を表するのが当たり前じゃない？

酒井　うーん。

土井たか子　私は、この世的に、そらあ、もう衆議院議長もしたんですから。党首もして、衆議院議長なんですから、この世的には、そら、尊敬される立場よ。何言ってるの？　「三権の長《ちょう》」ですからね。

酒井　あなたの欲《ほ》しかったものは、権力、名誉《めいよ》？

土井たか子　なんか、嫌な言い方するわね。護憲をずっと言い続けた功績により、衆議院議長という、三権、立法府の長をしてたわけですから。それは、もう、日本の女性としては、最大限の尊敬を払《はら》われるべきもんですよねえ？

だから、私がまだ生きていると思う証拠《しょうこ》は、私が亡《な》くなったら、もうそれは、国を挙げての、なんか、大きなパレードみたいなのをやらなきゃいけないと思うんですよ。

酒井　残念ながら、そのようなことは、今回、起きなかったんですよ。なんか、お亡くなりになったのに、あなたを批判する方等もいらっしゃったわけですね。

土井たか子　え？　それは、いや、そんなバカな……。

酒井　「売国奴《ばいこくど》」とまで、ツイッターでつぶやいている方もいらっしゃるんですけれども。

土井たか子　それは、いや……。それ、よく分かんないけど、そういう奇人《きじん》変人はねえ、一定の率いるのよ。国民のうちの一パーや二パーはね、やっぱりいるのよ。

生前、「ソ連」や「中国」をどう見ていたのか

綾織　あなたが政治家として目指していたものを改めてお伺《うかが》いしたいのですけれども、それは、先ほどおっしゃった、「自己犠牲的な国家」としての体制ですよね？

土井たか子　うーん。そのとおりです。そのとおり。

綾織　これは、一般的には、「ソ連に、いつでも攻めてきてください」ということのために、「非武装中立」とか、「憲法九条を護る」とかを言っていたわけですね。

土井たか子　（やや顔をしかめながら）そんなことはないよ。私が、彗星《すいせい》のごとく出てきたときに、ちょうど、ソ連もゴルバチョフ書記長が、私とまったく同じよう

な感じで出てきて、新しい国づくりをやろうとしてたじゃないですか。ソ連だって大きな変化を迎《むか》えようとしてたから。だから、本当に、「新しい社会主義」が始まろうとしてたんですよね。

綾織　それに代わって、今は、中国という国が軍事的に大きくなっているわけですけれども……。

土井たか子　うーん。あれは社会主義じゃないんじゃないかねえ。なんか、今、「金儲《かねもう》け主義」に、ちょっとなったので……。

綾織　中国はよくないですか、今。

土井たか子　いやあ。よくないことはないけど、ちょっと、一部、資本主義に汚染《おせん》されて、もう、おかしくなってるところはあるわね。腐《くさ》ってきたね。

綾織　ああ。なるほど。

土井たか子　腐ってきたから、大金持ちになったり、権力を、なんか、もう、横暴《おうぼう》に使おうとするのが、一部、出てきてるわねえ。あれは気をつけないといけないわね。

5　もし、土井たか子氏が「日本の首相」だったら

「もちろん、自衛隊は解散した」

綾織　あなた自身が、「三権の長」ということで、議長になられたわけですけれども、村山《むらやま》（富市《とみいち》）さんは首相になりました。もし、土井さんが首相になられていたとしたら、どのような政治をやっていましたか。

土井たか子　もちろん、自衛隊は解散しましたね。

綾織　あっ、解散ですか。

土井たか子　うーん。それはそうよ。

綾織　村山さんは、「合憲」ということで認めましたけれどもね。

土井たか子　それは、もう、あの人は信念が足りない。

綾織　足りない？

土井たか子　私は憲法学者ですから、信念がありますけど、彼は信念が足りないから、そうなったんでしょう。

だから、党が潰《つぶ》れていったんだと思う。やっぱり、信念を貫くべきだったんですよ。貫けば、第一党になれたんですよ。

綾織　解散したら、そのあとは、何が起こってきますか。

土井たか子　え？

綾織　もう、日本を護る存在がなくなっています。

土井たか子　いや、だから、海上保安庁とかがあるじゃないですか。それで十分じゃないですか。

綾織　あっ、十分ですか。

土井たか子　うーん。島周り、海周り、今だって、海上保安庁が回ってるだけでしょう？　自衛隊は別になんもしてないですから。もう、自衛隊は〝凶器《きょうき》〟ですから、本当にねえ。何をするか分かりませんからね。

やっぱり、「海上保安庁」で十分で、もう、国内は「警察」と、凶悪な集団とかが出てきたときのために、「機動隊」とかがちょっとあれば……。

「尖閣《せんかく》諸島」や「竹島《たけしま》」の領土問題は、どう考えているのか

酒井　そうすると、「尖閣《せんかく》問題」は、どうすればよいのでしょうか。

土井たか子　うん。そんな問題、人も住んでないところですから、話し合いで決めれば済むことだよ。

酒井　は？　どういう結論に持っていったらいいですか。

土井たか子　どちらでもいいですよ。

酒井　どちらでもいい？

土井たか子　うーん。誰《だれ》も住んでないもん。誰も被害《ひがい》がない。何にもない。被害は何にもないから。

あとは、漁民の補償《ほしょう》問題がちょっとあるかもしれないけど。だけど、もともと、自分らの権利かどうかもはっきり分からないからね。

酒井　あっ、そうですか。では、竹島《たけしま》なんかも、もう要《い》らないんですかね、あなたの考えだと。

土井たか子　竹島は韓国が「自分のもんだ」って言ってるんでしょう？

酒井　それでいいんですか。

土井たか子　まあ、それに反論するだけの根拠《こんきょ》があればいいですけど、向こうが、まだ、それに納得《なっとく》しないでしょう?

酒井　なるほどね。では、もし、尖閣が中国の領土になったとしますよ。それで、台湾《たいわん》も……。

土井たか子　え?「もし」って、もうすでに、そうかもしれない。

酒井　「そうかもしれない」と?

土井たか子　うん、うん。

酒井　それで、いいんでしょうかね？

土井たか子　人は住んでないんだから、それは、両方、領有権を言う資格はあるでしょう。

「原発や個人の自動車などは、なくてもいい」

酒井　では、あなた、寒い所は好きですか。

土井たか子　うん？

酒井　いや。エネルギーが入ってこなくなる、つまり、石油が入ってこなくなったりすると、もう、「暖房《だんぼう》もやめよう」「冷房もやめよう」とかいうことになって、今の（あなたの）体調では、かなりきついと思うんですよね。「夏は暑いし、冬は寒い」というのは……。

土井たか子　いやあ、でも、そら、寒くてもね、原発なんかが稼働《かどう》するよりはいいですよ。

酒井　いいですか。

土井たか子　うん、そのほうがいい。寒いほうがいい。

酒井　「凍《こご》え死んでも、もういい」と？　あるいは、「熱中症《ねっちゅうしょう》で人が死んでも、もういい」と？

土井たか子　うーん、綿入れを着ればいいわけだ。

酒井　そうですか。では、あなたご自身の体もよくない状態のなか、肺炎《はいえん》というと……。

土井たか子　戦前、もう、原発なんかなかったんですから、そんなものはなくていいんですよ。

綾織　戦前みたいになっていくのがいいですか。

土井たか子　うん、薪《たきぎ》でも……。

酒井　では、車などは走らなくても、歩いて、いろいろ仕事されに行ったらいいですよね？

土井たか子　うん、電車が走ってたり、バスが走ってるんだから、車は要らないですよね。

酒井　いや、電車もバスも飛行機も要らない？

土井たか子　そらあ、多少は、公共交通機関はあったほうがいいんじゃないんですか。それはあったほうがいい。

酒井　ただ、石油自体、もう入ってこなくなりますから。

土井たか子　個人の、そんな自動車、マイカーがみんな走りまくって、石油とかを浪費《ろうひ》するっていうのは、それは、あんまりちょっと……。

日本の「シーレーン防衛」についての考えを問う

酒井　では、シーレーン（海上交通路）は護らなくてもいいということですよね？

土井たか子　「シーレーン」って……、どういうこと？　何がシーレーンなの？　うん？

酒井　「何がシーレーン」って、なんで私に訊《き》くんですか？

土井たか子　なんでシーレーンなの？　そんなとこ、別に、日本人に何の権利も、もともとないじゃない？　何を言っているの？

酒井　何の権利もない？

土井たか子　いや、日本人に何か権利があるんならいいよ。もう、海の上にカーペットを敷《し》いて、「その道は日本の道だ」っていう権利があるんなら、それは護らなきゃいけないけど、何の権利も、もともとないのに。何を言うの？

酒井　はあ。では、中国には権利があるんですか？

土井たか子　いや、そんなことはない。どこの国にも権利はないけども。

まあ、それについては、国際的には、対立が起きたときは、国連とか国際司法裁判所とかが対応すればいいだけのことですから、そのときに。

酒井　ああ。では、国連が何とかしてくれると？

土井たか子　そりゃそうよ。紛争《ふんそう》が起きたら、国連が対応すればいいことですから。

酒井　ほう。国連の常任理事国には、中国が入ってますよね。

土井たか子　うん、まあ、そうかな。

酒井　拒否権《きょひ》を持ってますよね？

土井たか子　うん。

酒井　日本は何の発言権もないですよね？

土井たか子　うーん。それは、中国に頼《たの》んだらいいわけで、「アメリカ軍に護衛してもらおう」なんて思うところに間違いがあるわけで、中国に、タンカーを護衛してもらったらいいじゃない？

綾織　ああ。

土井たか子　うん。それだけのことじゃない？

「アメリカ」ではなく、「中国」と同盟を結べばよいのか

酒井　では、「日米同盟」は、やはり反対ですか。

土井たか子　別に、そらあ、「全部が全部、反対」というわけではないけど、アメリカのやってきた、まあ、戦前の日本を叩《たた》いたことは悪いことじゃないけど、戦後

のアメリカは、うーん……、どうでしょうね。ベトナム戦争とかの罪についての反省は、やっぱりできてないわねえ。

それから、イラク戦争とか、いろいろやったけど、正義だったかどうかについては、いろいろ、問題は大きいわねえ。

綾織　その「中国に護ってもらう」ということは、「中国と同盟関係になる」ということなんですか？

土井たか子　別にアメリカと同盟が結べるのに、中国と同盟を結べないわけないでしょう？

綾織　まあ、理屈《りくつ》の上では、そうですけれどもね。

土井たか子　だから、そういう喧嘩《けんか》になるんなら、同盟を結んだって構わないわけじゃないですか。

綾織　ああ。

土井たか子　そしたら、別に、「シーレーンが何もない」ったって……。

綾織　そのほうがいい？

土井たか子　どうってことないでしょう？

綾織　今、実際、喧嘩になっているわけですけれども。

土井たか子　アメリカが、地球の裏まで来て、そんな、日本のタンカーを護衛しなきゃいけない理由なんかどこにもない。

綾織　まあ、アメリカは、ある程度、「世界に対する責任」ということでやっているわけですね。

土井たか子　そんなことない。攻撃《こうげき》ばっかりしてるじゃない？　いろいろな国に。

「香港《ホンコン》の民主化デモ」を、どう見るのか

酒井　では、なぜ、香港《ホンコン》の人たちは、あれほど反発するんですか？　知ってますか？　今、起きていることを。中国に対して、反発をしていますね。

土井たか子　うーん、まあ、（香港は中国に）返還《へんかん》されたわね。それはねえ、なん

か、やはり……。

酒井　今、デモが起きていますよね。

土井たか子　キリスト教的にいえば、マモンの神（お金の神）に仕《つか》えてしまったんだろうな。

酒井　香港が？

土井たか子　うーん。だから、もう、天国に行くよりも、お金のほうを優先した生き方をしてきた。

酒井　いえ、いえ、いえ。そうであるなら、中国につくべきなんですよ。

土井たか子　うん?

酒井　そうであるなら、中国の言うとおりにすべきなのですけれども。

土井たか子　うん、だから、香港が、そら悪いんでしょう。

酒井　いやいや、マモンの神に取り憑《つ》かれているのであれば、中国に行くはずなんですよ。中国の言うとおりにしないと、経済的には、中国に、今、占領《せんりょう》されつつありますからね。

あれは政治的なものです。「政治的な自由」を求める戦いを、今、しているのです。政治的に……。

土井たか子　うーん。そんなこと言ったたって、あんなちっちゃな島が、大中国に、戦って勝てるわけないじゃない、バカみたい。日本がアメリカと戦ったのと一緒じゃない、そんなもん。ひねり潰されるに決まってるじゃない。

綾織　強いところには、もう従うしかない？

土井たか子　（中国は）〝巨象《きょぞう》〟でしょう？　（香港は）〝蟻《あり》〟じゃないですか。

酒井　要するに、「中国共産党が言っている候補者以外は、選挙に出してはいけない」という話なんです。

土井たか子　（香港は）間違ってるのよ。だから、香港は、イギリスにものすごく長い間、支配されてたの。それが、やっと解放されて、ふるさとの東洋の国と一体になれたんだから、喜ばなきゃいけない。

酒井　要するに、お金の問題ではなくて、「自由がなくなる」と言って、今、反発が起きているんです。

土井たか子　そんなことない。中国の本土の人と、やっぱり、平等の暮らしをして、「豊かになるときには一緒、貧乏《びんぼう》も一緒」、そういう「平等」を味わうことが大事なんだよ、国民として。

中国や北朝鮮《きたちょうせん》の「特権階級」は否定しない土井たか子氏

酒井　では、あなたは、やはり、「自由」よりも「平等」を重視している？

土井たか子　いや、国民としての自覚が要るでしょう。だから、「自分たちだけが、金が儲かってればいい」っていう、そういうのは、やっぱり許されないんじゃないんですか。日本の、例えば、どこかに自治区があってね、「港区《みなとく》だけは、もう大金持ちの山で、あとは全然違う」っていう、そらあ、やっぱりおかしい。

酒井　いや、それこそ中国ですよ。中国の、共産党のトップのほうの人間や、一部の人間たちが、膨大《ぼうだい》なお金を持っているわけです。あとは貧乏ですよ、中国は。

土井たか子　うん、だから、そういうのを取り締《し》まるために、軍部を強化してるんだと思うの、今ね。

酒井　格差は、日本のは問題にならないぐらい、中国は、大きな格差がありますけれども、これはどう思いますか。

土井たか子　いや、それは、何にも、確たる証拠がないので……。

酒井　確たる証拠がない!?（苦笑）

土井たか子　分からない。

酒井　あっ、そうですか。ほう。

土井たか子　うん。私は貧しい中国しか知らないから。

酒井　中国では、もうリッチな、要するに、特権階級が出来上がっているんですけれども。

土井たか子　ふーん。まあ、それは、何か意味があるんじゃないですか。それは、たぶん、共産党の政治資金かなんかを得るために、そういうリッチ階級をつくって、献金《けんきん》させてるんでしょう、きっとね。

酒井　それは、いいんですかね。

土井たか子　いや、分からないけども、貧しいところから取るよりはいいでしょう。

酒井　あなたが、先ほどほめていた金正日《キムジョンイル》も、要するに、「自分たちはリッチであった。民衆は本当に飢《う》えていた」と。

土井たか子　いや、それは、やっぱり、王様はそんなもんでしょうから……。

酒井　いいんですか。

土井たか子　それは、やっぱり、民衆が勤勉に働いとらんからでしょう。

土井たか子　やっぱり、「非武装中立」で、「永世《えいせい》戦争放棄《ほうき》国」。兵器を捨てて、あらゆる国と友好な全方位外交で、やっぱり、やっていきたいし、「戦前のような悪は二度と犯《おか》さない」っていうことを国是《こくぜ》として守り続けたい。

綾織　それで、みんな平等で、まあ、車も走っていない社会。

土井たか子　いや、車は走ってもいいですけど。別に、それは経済状態によるわけですけども。

綾織　「貧乏な状態でもいい」ということですよね？　「今の豊かさがなくても構わない」と。

土井たか子　貧乏な状態って……、ちょっとよく分からないけども、まあ、私がも

綾織　逆に、韓国は、慰安婦問題を使って、「もっと、お金が欲しい」ということを言っているのではないですか。

土井たか子　いや、「そこまで追い込《こ》まれる」っていうのは、人間としては、そうとう悲惨《ひさん》な状態だから、それはねえ、本来なら、「韓国政府に求めるんだ」と思うんだけども、「韓国政府に求めても、生活が楽にならないから、飛び越《こ》して日本に要求してる」っていう、その悲惨な人たちの声に耳を傾《かたむ》けてやることこそ、やっぱり、そら、平和国家・日本の使命なんですよ。

土井たか子氏が最終的に目指していた「日本のあり方」を問う

綾織　あなたご自身は、日本の国を最終的にどのようにしたかったんですか。

綾織　韓国《かんこく》に対しては、その責任を果たしていますよね。

土井たか子　うん？

綾織　韓国に対しては、その責任を果たしていると思いますよ。

土井たか子　果たしてないから、暴《あば》れてるんでしょう。

綾織　いえいえ、戦後これまで果たしてきています。

土井たか子　いや、果たしてない、果たしてない。あなたがたが「果たしてる」と思ってるのと、向こうが「果たした」と思うのとは別だからね。そらあ、食い違いがあるわけよ。

6　土井たか子氏の「理想の政治」とは

土井たか子氏が考える「日本が韓国《かんこく》に果たすべき使命」とは

酒井　では、あなたの「理想の政治」というのは、どのようなものなのですか。

土井たか子　うん、だから、朝鮮《ちょうせん》半島に関しては、日本が悪事を働いたのが根源の悪であって、やっぱり、戦後の彼らの発展に対して、もうちょっと尽《つ》くさなきゃいけない。「従軍《じゅうぐん》慰安《いあん》婦《ふ》」とか言ってるけど、それは象徴《しょうちょう》的に言ってるだけで、本当は、「戦後の朝鮮半島の発展のために、もっともっと日本は金を使うべきだ」と言ってるだけのことなんだ。

土井たか子　うん？

酒井　そうであるなら、中国の言うとおりにすべきなのですけれども。

土井たか子　うん、だから、香港が、そら悪いんでしょう。

酒井　いやいや、マモンの神に取り憑《つ》かれているのであれば、中国に行くはずなんですよ。中国の言うとおりにしないと、経済的には、中国に、今、占領《せんりょう》されつつありますからね。

あれは政治的なものです。「政治的な自由」を求める戦いを、今、しているのです。政治的に……。

か、やはり……。

酒井　今、デモが起きていますよね。

土井たか子　キリスト教的にいえば、マモンの神（お金の神）に仕《つか》えてしまったんだろうな。

酒井　香港が？

土井たか子　うーん。だから、もう、天国に行くよりも、お金のほうを優先した生き方をしてきた。

酒井　いえ、いえ、いえ。そうであるなら、中国につくべきなんですよ。

し総理大臣になっておれば、「国民の平等」は、もっと加速されたことは間違いない。

綾織　加速する？

土井たか子　うん、そらあ、そうだ。間違いないわなあ。

綾織　お金持ちの人はどうするんですか。

土井たか子　そらあ、財産は、いちおう、いったんは政府に預けてもらわなきゃいけないわなあ。

綾織　預けてもらう？　ほう。

土井たか子　だから、社会党が政権を担当しておれば、財政赤字の問題は解消したんだよ。

綾織　ああ。お金持ちの人たちは、もう、日本からいなくなるわけですよね？

土井たか子　いやあ、日本にはいますよ。日本にはいるけれども、収入というか、手取りが同じになるだけであって。

綾織　ああ、みんな同じ。ということは、みんな、働かなくなりますよね。

土井たか子　まあ、三十万もあれば、もう十分でしょう、お金持ちっていっても。うん。三十万も手取りがあれば、もう十分。それ以上は、もう取りすぎだから、それ以外は、全部、国に寄付していただければ、税金として納税《のうぜい》していただければ、日本全国に、それを、うまーく撒《ま》けばですねえ、それは「平等な社会」が出来上がると思うんですよね。

綾織　うーん。

土井たか子　それができていないから、今、財政赤字になったりして、苦しいわけですよ。税金を本来、払うべき人が十分に払ってないんですよね。だから、税金を払えない人に、税金を払わそうとして、消費税を上げたりして、やって……、で、苦しめてるわけですから。年寄りで収入もない人が消費税を払うんですから、そらあ、間違っていますよね。

綾織　うーん。まあ、消費税導入時点では、社会党は反対運動を起こされて、それで、「おたかさんブーム」になったわけですけれどもね。

土井たか子　それは、年寄りは、やっぱり……、いや、低所得層と、金持ちと、同じだけ払わされるでしょう？　「金持ちが十パー払って、普通の人たちは五パーとかゼロ」とかいうんだったら別に構わないですけど、「金持ちも貧乏人も同じだけ払え」っていうのは、これは〝酷税《こくぜい》〟ですよね。

「北朝鮮《きたちょうせん》のような〝平等〟な生活ができる社会保障制度にする」

綾織　ただ、自民党にしても民主党にしても、年金や医療《いりょう》などの社会保障を成り立たせるために、「消費税を十パーセントにする」とか「さらに、それ以上に上げる」などということを、今、考えているわけですよね。

土井たか子　彼らのは、そら、疑わしいわね。どこでネコババしてるか分かんないから。社会保障と言いつつ、自分らが選挙に勝てるように、うまいこと、ゼネコンに撒いてる可能性があるからね。大企業《だいきぎょう》に利するためにやってる可能性が、かなりあるじゃない。

リニアモーターカーなんかを敷こうとしてるけど、いつの間にか、気がつけば増税してて、「JRと、それに付随《ふずい》する建設会社を儲けさせるために、その税金を使って、社会福祉《ふくし》のほうには回っていない」なんていうことは、ありえますもんねえ。それは分からない。

綾織　あなただったら、何に使いますか。

土井たか子　ええ?

綾織　社会保障を、どのようにしますか。

土井たか子　うーん。それは、やっぱり、国民が、北朝鮮《きたちょうせん》のように〝平等な生活〟ができるようにしますよ。

綾織　ああ、北朝鮮のように？　でも、それだと「極貧《ごくひん》生活」です。

土井たか子　極貧かどうかは、主観的な問題ですから。

綾織　いえいえ。その実態は、もう明らかになっていますよ。

土井たか子　いやあ、「宗教的生活」っていうのは極貧の生活なんですから。昔から。

綾織　なるほど。「宗教的」というように理解するわけですか。

土井たか子　そらあ、イエス様の時代も、お釈迦《しゃか》様の時代も、みんな貧しかったわけですから。それが、やっぱり、人類がいちばん輝いてた時代なんでしょう?

綾織　うーん。

土井たか子　だから、あなたがたも、宗教を言うんだったら、やっぱり、それを否定してはいけないんであって、まあ、金持ちは、月三十万円もらってりゃよくて、貧しい人でも二十万円はあると。

　この二十万から三十万ぐらいの、十万円ぐらいの差のところで我慢《がまん》する。ここに、やっぱり、人間としての「自己犠牲の精神」と、何て言うか、尊い「社会貢献《こうけん》の精神」があるんじゃないかなあ。

選挙落選の原因は「北朝鮮《きたちょうせん》問題」ではなく「年のせい」？

綾織　理想の指導者というのは、金日成《キムイルソン》や金正日などといった人たちですか。

土井たか子　まあ、彼らはマイナスからのスタートなので、理想かどうかは分からないけども、日本が、戦前の罪滅《つみほろ》ぼしさえ十分にやっとれば、理想の指導者になるだけの資質はあったんじゃないかなあ。

何だか、あなたがたは変な……。ちょっと、何かに頭が〝汚染〟されてるんじゃない？　ちょっとおかしいよ。

綾織　いえいえ。

酒井　おかしいですか。

土井たか子　うん、言ってることがおかしい。

酒井　ただ、あなたが、二〇〇三年の選挙で敗れたのは、北朝鮮《きたちょうせん》の問題もあったんでしたよね?

土井たか子　まあ、年を取ったらねえ。そら、負けることはあるわよ。

酒井　いや、いや、いや。「年を取った」というところが問題なのではなくて、小《こ》泉《いずみ》元総理が、北朝鮮拉致《らち》問題を解決しようとしているときに、あなたは糾弾《きゅうだん》されたわけですよね。

土井たか子　うーん。

酒井　その話も、やはり、おかしいと思っていますか。

土井たか子　まあ、人生、ピークもあれば、下がるときもあるから。

党の崩壊《ほうかい》を他のもののせいにする土井たか子氏

酒井　ただ、残念ながら、要するに、「あなたのピーク」イコール「社会党のピーク」で、あなたが社民党の代表などをしても、どんどん潰れ去って、崩壊《ほうかい》していくんですよね。社会党にしても、社民党にしても。

土井たか子　それはねえ、日本のマスコミが悪いんですよ。マスコミが悪いんですよ。

酒井　ああ。人のせいですか。

土井たか子　やっぱり、朝日新聞が、もっともっと頑張《がんば》らなきゃいけなかったんですよ。朝日新聞がねえ、やっぱり、もっともっと、ほかの新聞も食い尽くすぐらいまでいかなきゃいけなかったんですよ。

酒井　ああ。ただ、「あなたが勝ったと思った瞬間《しゅんかん》に、負けが始まっていた」ということですね。

土井たか子　このへんは、ちょっとおかしいなあ。

酒井　なんででしょうね。あなたには指導力があったはずですよね。

土井たか子　おかしいねえ。でも、政府批判は強かったからね。私らを応援《おうえん》する声がすごく強くて……。

酒井　ピークに達したような気もしたんですよね。冒頭《ぼうとう》での総裁の解説にもあったように、確かに、あなたは「総理にでもなるのではないか」という勢いがあったのは事実です。

土井たか子　やっぱり、日本が後《おく》れてるよね。女性に対する差別がすごく強いから、女性の総理を出すだけの勇気がなかったよね。

イギリスとかは進んでるわよねえ。労働党がしっかりしてるから、国を平等にするために頑張ってるもんね。だから、男女平等が、ついに……。

酒井　ああ。「男女平等」というところは、あなたの一つのテーマでしたよね。

土井たか子　うんうん。やっぱり、ああいうふうな二大政党でなきゃいけなかったんでしょうねえ。

酒井　ああ。

土井たか子　だから、社会党が、自民党と同じぐらいの勢力を持ってて、まあ、アメリカの共和党と民主党みたいに、同じぐらい（勢力が）あれば、可能性があったんじゃないかなあ。

酒井　そういう方向に行く可能性もあったのですが、「あなたが委員長になってから、終わりが来た」という感じですかね。

土井たか子　うーん、まあ、自民党は、ちょっと老獪《ろうかい》でしたからね。戦後、長くやりすぎだから。何十年もやってきたから、その間に、いろいろと地盤《じばん》をつくって、組織をつくってたからね。それと、企業との癒着《ゆちゃく》がすっごい激しいから。企業献金とか、ああいうものの癒着が、すごい激しかったからねえ。

酒井　あなたにはなかったんですか。特に、労働組合や連合などとの癒着は。

土井たか子　なんか、あなたたちは、ちょっと、弱者の連帯を否定するような言い方をしますねえ。

酒井　あなたは弱者だったんですか。

土井たか子　「弱者の味方」ですよ。間違いなくね。

酒井　味方であって、弱者ではなかったですよね？

土井たか子　いや、弱者の味方が、衆議院議長になったわけですよ。日本の政治システムでは頂点に立ったわけです。だから、日本では、本当は、「労働者を頂点とする政治」ができたんですよ。

酒井　なるほど。労働者ですか。

土井たか子氏の一つのテーマであった「男女平等」

酒井　あと、先ほどおっしゃっていたように、市川房枝《いちかわふさえ》さんが来たということは、やはり、「女性の独立」というようなものをテーマにしていたんですか。

土井たか子　うーん。だから、それに関しては、私は、時代を五十年ぐらい先んじてるんだろうから、理解されないんだろうと思いますけどねえ。日本は男性社会だったけど、やっと、今は崩《くず》れてきつつあってね。まあ、安倍《あべ》さんも、悪いことばっかりしてるけども、「女性の社会進出」を進めようとしてること自体は、さすが、奥《おく》さんの功績や。うん。頑張ってると思う。

酒井　なるほどね。あなたは、名前の呼び方さえも、「『くん』とか『さん』ではなくて、全部統一せよ。女性だから『さん』、男性だから『くん』ではいけない」というようなことを言っていました。呼び方にも、区別があってはまずいですか。

土井たか子　まあ、「男女平等」っていうことを徹底《てってい》すればね。

酒井　徹底しないといけないんですかね。

土井たか子　うーん、まあ、そういうことは……。いや、別に、日本だって、戦前では、女性に対して「くん」付けで呼んでたことはいっぱいありますからね。女子学生に対して、「○○くん」って。「土井くん」とか、そういうことはあったわけですから。「土井たか子くん」とか、別に、言ってておかしくなかったわけですから。

酒井　確か、あなたは、「それも言わないようにしましょう。女性に『くん』を付けてはいけない」と言ったんですよね（注。土井たか子氏は衆議院議長のとき、それまで国会内の慣例で男性議員も女性議員も「くん付け」だったのを、初めて「さん付け」に変えた）。

土井たか子　まあ、それは、そんなに大きな問題ではありません。それは、そんな大きな……。

酒井　そうではないんですか。それは、象徴的な問題なんですが。

土井たか子　外国だって、「ミスター」と「ミセス」「ミス」とかあったのがねえ、なんか、（女性は全部）「ミズ」とかにして、よく分からないようにしたりして、いろいろ努力してるじゃないですか。よく分からないようにね。

酒井　なるほど。あなたは、かなり声もしっかりしていましたし、わりと「ドスのきいた声」で話していましたよね。

土井たか子　うん。だから、惜《お》しかったね。あのときに日本の総理になれてれば、日本は大きく前進したのにねえ。

社会党の男性には「雄々《おお》しい人が少なかった」

酒井　周りの男性を見て、どう思いました？　社会党の男性とか。

土井たか子　うーん、まあ、それは……。

酒井　今で言う、例えば、「草食系男子」とかについては、どう思いますか。

土井たか子　そういうのは、あんまりよく分からないんだけど、うーん……。やっぱり、雄々《おお》しい人が、ちょっと少なかったのは事実。

酒井　男性で？

土井たか子　まあ、雄々しいというか、立派な〝戦闘力《せんとう》〟の高い人が少なかったのは事実かなあ。

酒井　ほお。

土井たか子　まあ、ある意味では、「自民党みたいな、権力と金の亡者《もうじゃ》ではなかった」ということは、そうかもしれない。それを「草食系」っていうなら、そうかもしらんけどねえ。

7　土井たか子氏の「死生観」を明らかにする

「市川房枝《いちかわふさえ》と同じところに行く」ことを認めない土井たか子氏

綾織　土井さんの今後について、少し考えていきたいと思うのですが、先ほど……。

土井たか子　変な人だねえ、あなた。話を聞いてると、なーんか、宇宙人みたいな言い方をするから、ちょっと……。すごい変わった……。

綾織　まあ、そうかもしれませんけどね。

酒井　そうですね。

綾織　市川房枝《いちかわふさえ》さんは、お亡《な》くなりになっているわけですが、以前、この方を、幸福の科学で検証いたしました。

土井たか子　そう?

綾織　ええ。その結果、「地獄《じごく》」といわれるところに行かれていました（『菅直人《かんなおと》の原点を探《さぐ》る』〔幸福の科学出版刊〕参照）。

土井たか子　ふうーん。

綾織　この方が、亡くなられた土井さんのところに、ご挨拶《あいさつ》に来られたのだと思うんですね。

土井たか子　ほおお……。あんたは、何の証拠《しょうこ》もなくて、憶測《おくそく》で言ってるから、それは駄目《だめ》よ。

綾織　私の言葉を少し受け止めていただければと思うのですが、おそらく今後、あなたは、この市川房枝さんと同じようなところに向かわれるのではないかということを、私は申し上げております。

土井たか子　いや……、それは、（体の）具合は悪いけどね。具合は悪いけど、まだ、そんなに……。あなたね、年寄りだと思って、「姨捨山《おばすてやま》に捨てよう」なんていう、そういう悪いことを言っちゃあ……。

綾織　いえいえいえ。

「キリスト教の理想そのもの」という自身への評価

綾織　キリスト教のことも、少しお分かりになるので、「亡くなられたら、あの世の世界に行かれる」ということは理解されていると思います。

土井たか子　ああ、そういえば、「マリア様が迎《むか》えにくる」っていうことは、あるかもしれない。

綾織　そうですね。そういう方が、土井さんの場合は、市川さんだったわけです。

土井たか子　私の、「憲法九条を護って、『護憲』『非武装中立』として、『もう絶対に戦わない』という精神で平等な国をつくる」っていうのは、キリストの精神に照らして、一点の間違《まちが》いもないから。

綾織　うーん……。

土井たか子　もう、間違いが一点もない。「キリスト教の理想」そのものですよ。ある意味で、「同志社《どうししゃ》大学」と「社会主義」が合体したようなものですから。

「『私がいる』ということは『あの世はない』ということ」

酒井　ただ、「自分が亡くなったことが、まだ分からない」ということは、まず、一つの問題ですね。

土井たか子　いや、そんなのねえ、そーんなのねえ、「死んで、あの世がある」と思ってる人なんて、半分もいないでしょう。

酒井　いや、思っていても、思っていなくても、「あるか、ないか」は、もう、どちらかなんですよ。

土井たか子　うーん。まあ、今のところ、「ない」と言わざるをえないよねえ。

酒井　いや、あるから、あなたは、今、ここにいるんですよ。

土井たか子　いや、だから、「私がいる」ということは、「あの世はない」ということだよ。

綾織　あなたは、霊《れい》として、ここにいらっしゃるんですよ。

土井たか子　まあ、それはねえ（苦笑）、あんたねえ……。

酒井　テレビ報道とかは見ませんでした？

土井たか子　ええ？

酒井　あるいは、新聞報道とかで、「土井たか子さん死去」というのを見ませんでしたか。今回、あまり大きくは出ませんでしたが。

土井たか子　ああ、やっぱり、人間、年を取ると、かつて地位があっても、こんなにバカにされるようになるんだね。年を取ったら、五十歳《さい》ぐらいの男に。

酒井　ただ、今のまま生きていると思っていると、ずっと、そのあたりを徘徊《はいかい》しなければいけなくなるのですが。

土井たか子　あなた、死んだら、意識はなくなるじゃないですか。
最近は「政党を越《こ》えていろいろな政治家が会いにきた」

酒井　最近、どこかに〝遠出〟しませんでした？

土井たか子　ええっ？

酒井　〝遠出〟です。

土井たか子　〝遠出〟？

酒井　ええ。どこかに旅行とかしました？　普段《ふだん》と違うところに行きませんでしたか。「最近にしては、よくここまで来たなあ」というようなことはありませんでしたか。

綾織　いらっしゃったのは、病室だけではないですよね？　お葬式《そうしき》らしきところにも行かれましたし、それ以外でも、どこかに行かれたのですか。

土井たか子　うーん。ただ、いろんな政治家に会ったような気は、ちょっとあるねえ。

酒井　それは、病気が重くなったあとですよね？

土井たか子　うーん……。それは……。

綾織　その方は、日本の政治家ですか。海外の政治家ですか。

土井たか子　日本の政治家じゃないかしらね……。

酒井　どういう人ですか。

土井たか子　いや、それはまあ、本当に、社会党、社民党を越《こ》えて、ほかの政党の人たちまで、私を心配して来てたことになるんですかねえ……。

酒井　来てくれたのですか。

土井たか子　うーん。何だか、ちょっとよく分からないけども、とにかく、病気は病気だからね。

酒井　ここは、港区白金《みなとくしろかね》なのですが、病気なのに、歩いて来れるのですか。

土井たか子　ふうーん。まあ、それは、夢を見てるんかもしれないから、分かんないけども……。

綾織　会われたのは、どういう方ですか。

土井たか子　だから、いろんな方が……。

綾織　はい。政党を越えて……。

土井たか子　うーん、敵だったような方々も来てたような気はするけど……。

綾織　ああ、敵の方。自民党の方もいらっしゃったのですか。
土井たか子　うーん、なんか……、よく分かんないなあ。でも、お見舞《みま》いかもしれないし。
酒井　それは、どんな方ですか。
土井たか子　(舌打ち)うーん……、お見舞いかなあ。
酒井　誰《だれ》が、お見舞いに来たのですか。
土井たか子　だから、うーん……。うーん……。いちいち覚えてないわよ、そんなの。

霊言《れいげん》を進めるうちに見えてきた「御霊前《ごれいぜん》」という文字

土井たか子　なんか、ちょっと、何となく……。やっぱり夢だろうねえ。なんかちょっと、「御霊前《ごれいぜん》」って書いてあるような……。ちょっと見える。そんな字が、ちょっと見えるような気もする。これ、おかしいね。何なの？

酒井　御霊前ですか。

土井たか子　どういうことだろう？

酒井　それは、「お亡くなりになった」ということです。

土井たか子　「御霊前」って書いてあるような気がする。いや、封筒《ふうとう》かな。なんかちょっと、そんなようなものが見える……。

綾織　それは、たくさんの方が持ってきたわけですね。

酒井　みんな、黒い喪服《もふく》を着ていますよね？

土井たか子　ええ？　うーん……。よく分かんない。でも、確かに、夏の戦没者慰霊祭《せんぼつしゃいれいさい》の何かに似たような感じの雰囲気《ふんいき》は、ちょっとある。

酒井　ありますか。

土井たか子　あるねえ。うーん。いやあ、キリスト教ってねえ、イエス様が復活して、昇天《しょうてん》したのは分かってるけど、それ以外の人については、どうなるかは分からないんですよ。

酒井　そうですよね。ただ、日本には、仏教的なお葬式の伝統がありますよね。

土井たか子　まあ、そらあ、あるけど。

酒井　「御霊前」といえば、普通、どういうときに持ってきますかね。

土井たか子　うーん、まあ、家族の誰かが死んだとか、そんな感じ……。

酒井　そんなときですよね。

土井たか子　そうですよねえ。

酒井　ただ、そこに掲《かか》げてある写真は？

土井たか子　うーん、まあ、もしかしたら、「社民党の壊滅《かいめつ》」で、「御霊前」とかいうことは……。

酒井　それで、あなたの写真が貼《は》ってあるような……。

土井たか子　福島瑞穂《ふくしまみずほ》は、なんで人気が出なかったのかが分からない。

酒井　（笑）

土井たか子　うん、おかしい。私ぐらいは行けてるはずなのにねえ。おかしいなあ。

死んでいることをどうしても理解できない土井たか子氏

土井たか子　いや、ちょっと今、言ってることが意味不明なので。もう、とにかく、私はまだ存在してるんですよ。だから、亡くなったことにしないでください。存在はしてるんですから。

酒井　ええ。存在していますよ。ただ、このあと、もう少したつと、おそらく、誰かが導いてくれると思うのです。説得しに来る可能性もありますので。

土井たか子　「三権の長《ちょう》」をやってた私を導くって、どういうことですか。

酒井　いや、ですから、あの世の世界には、もっと偉《えら》い方がいますので。

土井たか子　だから、「まだ生きてる」って言ってるのに、なんで……。

酒井　いや、まず、「死んだ」ということを理解しないと、あなたは、このままずっとさまよい続けますからね。

土井たか子　うーん。まあ、もし、もし、死んでたらね、こんな感じじゃないですよ。

酒井　いや、死んだらそうなるんですよ。市川さんもそうですから。

土井たか子　うん？　死んでたら、何もかもなくなるか、もし、イエスのように復活してたら、安倍《あべ》首相に取り憑《つ》いて、首をグッと、百八十度回すかもしれない。

綾織　まあ、それは、やろうと思えばできますので（苦笑）。

土井たか子　え、できるの？

綾織　やろうと思えばできますね（笑）。

土井たか子　いやあ、やってみよ、やってみよか。やってみようかなあ。あの首をクルッと回してやりたい。前についてる顔を後ろにクッと回してやりたい。そしたらねえ、日本の平和が保たれるでしょうね。お岩《いわ》さんならぬ〝おたかさん〟で出てくる。すごいね。

「今の感覚から見て、死んでいるとは思えない」という感想と思うんです。

酒井　まずは「亡くなった」「死んでしまった」ということをご理解いただきたいと思うんです。

土井たか子　うーん。ちょっと納得《なっとく》いかないなあ。

酒井　ただ、「御霊前」などを思い出していただきたいのです。「なぜ、涙《なみだ》を流している人がいたのか」とか。

土井たか子　年を取ったからね。人はいずれ死ぬのは、そのとおりだけども、今の感覚から見て、死んでるとは思えないね。

酒井　あなたには「あの世観」がないですからね。でも、昔ながらのあの世観で、「あの世に行ったら、誰かが迎えに来る」というのは聞いたことがありますよね？

土井たか子　今は、そんな迷信《めいしん》を信じる人はいないんじゃないの。

綾織　最近でいいのですが、病室におられて、なかなか話がうまく通じないような状態はありましたか。

土井たか子　そらもう、いつもそうだわ。

綾織　いつも？

土井たか子　通じない。君、今日は滑《なめ》らかに声が出て話がよくできるから、よく私の声が聞こえるねえ。なんか、私の声が聞き取れない人が多くて。

綾織　今日は、大川総裁から招霊《しょうれい》されて、今、大川総裁の体を使われています。

土井たか子　なんか聞こえない。私の声が聞き取れない人が多くなってる。なんかみんな〝難聴《なんちょう》〟の人が増えて……。

酒井　誰も聞いてくれない？

土井たか子　年寄りが多いからかね。〝難聴〟で聞こえないらしい。

酒井　病院の先生なども聞いてくれないわけでしょう？

土井たか子　喉《のど》がねえ、やっぱりねえ。街宣とか長くやると喉が傷《いた》んで声が潰《つぶ》れてくるからねえ、だんだんねえ。

綾織　今後もそれがずっと続きます。今、生きている人は、あなたの声が聞こえないんですよね。

土井たか子　そりゃあ、おかしいじゃないの。それは、「死後の世界」とは言えないでしょう?

死んだことを諭《さと》すための話がさっぱり分からない

酒井　あなたは最近、自分の体をまじまじと見ることがなかったですか。

土井たか子　「まじまじと見る」ってどういうこと?

酒井　自分の体を見ている姿……。

土井たか子　あんた、いやらしいわね。何を言ってるの。

酒井　（苦笑）体を見ることはあるんですか。

土井たか子　若いときのように、そら美しくはないわよ。

酒井　いや、美しいかどうかは別として、自分を客観的に見ているときはありますか。

土井たか子　いやらしいのよ、言い方がすごく。「自分の体を見る」って、どういうこと？　「八十五のばあさんが鏡に映して見る」っていうこと？

酒井　いや、鏡ではないです。鏡ではなく、自分の体を見た覚えがないですか。

土井たか子　そんなのは個人の勝手でしょう。何をそんな……。

綾織　四角い箱に入っていませんでしたか。

土井たか子　「四角い箱」って、どういうこと？

綾織　病室ではなかったのではないですか。

土井たか子　何を言ってるのか……。

綾織　最近、記憶にないですか。

酒井　「木の箱」ですかね。

土井たか子　何を言っているんだか、さっぱり分かんないわ。

酒井　焼き場に行った覚えがないですか。

土井たか子　焼き場……。焼き場、焼き場……。焼き場にいたら、ちょっと呼吸が苦しい感じとかが続いているわけがないでしょう?

酒井　いやいや。最近、あなたは焼き場に行きませんでした?

土井たか子　うーん……。とにかく、あなたが脳に障害があるらしいことは分かるけども。（舌打ち）ちょっと見慣れない景色であることは分かるんだけど、これがなぜなのかは分かんない。私は年を取ってるから、拉致《らち》されて連れてこられるってことは……、あっ、〝拉致被害者《ひがいしゃ》〟っていうことか。

市川房枝《いちかわふさえ》から聞いた「永遠の命が与《あた》えられる」という話

酒井　今度、市川房枝《いちかわふさえ》さんと話をしてみたらいいですよ。またまた会えますから。たぶん、あなたの場合、市川さんを呼べばすぐに来ます。

土井たか子　うーん……。別に。市川さんもピンピンしてましたよ。

酒井　そうですか。何ておっしゃっていました？「頑張《がんば》ったね」とおっしゃっていましたか。

土井たか子　うんうん。ピンピンしてるわよ。やっぱりねえ、「一定以上、社会的に活躍《かつやく》した人には永遠の命が与《あた》えられるんだ」って言ってました。

酒井　今、聞こえるんですか。

土井たか子　そういうふうに言っていました。だから、女性でも党首をしたり、議長をしたり、あるいは、女性の政治活動の草分けをしたような方々はねえ、みんな死んでも死なない永遠の命が与えられるんだっていうような……。

綾織　そういう人だけではなく、「永遠の命」は与えられているんですよ。永遠の命なんです。

地震《じしん》が起きたときの総理である菅直人《かんなおと》氏をどう思うか

酒井　ちょっと待ってください。そうすると、菅直人《かんなおと》さんと近いんですね？

土井たか子　菅直人……。あ、若い人だね。若い人だよね？　菅直人といったらね。

酒井　市川房枝さんとのつながりからいくと、菅直人さんとは、親和性があったんですね？

土井たか子　あれは総理をしてたんじゃない？

酒井　そうです。それで大きな地震《じしん》が起きてしまった。

土井たか子　うーん、それは悲劇だったねえ。それはやっぱり、ほんとだねえ。イエス様もそうだけど、偉い人って、みんな悲劇に遭《あ》うものなんだねえ。

酒井　菅直人さんのときもそうですが、村山《むらやま》さんが総理のときも地震がありました。

土井たか子　あなた、そんなのは勝手でしょうよ。地震の勝手でしょ？

酒井　いや、地震の勝手ではないんですよ。因果《いんが》関係はあるんです。

土井たか子　誰のときに起こすかなんて考えてないでしょう？　別に地震は何も。頭脳がないんだから、「誰のときに起こす」なんていうのは考えてるわけじゃないでしょう。たまたまですよ。

酒井　ただ、「あなたがたが政治の中枢《ちゅうすう》にかかわると、何かよくないことが起きる」ということだけは言えます。

土井たか子　いやあ、それはねえ、右翼《うよく》の手なんですよ。そうやって〝脅《おど》し〟をかけてくるのは右翼の手なんですよ。駄目ですよ。駄目、駄目、駄目ですよ。そんなもんは効かないんだから。あのねえ、今は啓蒙《けいもう》時代なんですから。駄目ですよ。

8 あくまでも北朝鮮《きたちょうせん》を擁護《ようご》する土井たか子氏の霊《れい》

イエスが女性に生まれたら、土井たか子氏のような仕事をする?

綾織　あなたにも永遠の命が与《あた》えられていますので、市川房枝《いちかわふさえ》さんが来られるか分かりませんが、次にあなたの声が分かる人が現れてくると思います。

土井たか子　最近、朝日系の人たちが救援《きゅうえん》を求めてる感じがするから、何とか元気になったら、回想録かなんかでも書いて、連載《れんさい》してやればいいのかなあと思ってるけどねえ。

綾織　回想録を書かれてもいいと思うのですが、今日、話をお伺《うかが》いしていると、最終的に自分がやられてきたこと、考えられてきたことが……。

土井たか子　全部、〝善〟でしょ？　まあ、神様がいればですけども、神様の心に適《かな》うことをずーっとやったし、イエス様が女に生まれたとしたら、私みたいな仕事をするしかないと思う。たぶんね。

市川房枝さんみたいに生きるか、私、土井たか子のように生きるか。もしイエス様が女性だったら、あるいは、マリア様が生まれてたとしたら、そういう感じしかありえない。これ以外、選択肢《せんたくし》はないと思う。人間として正しい生き方をした。

綾織　まあ、もし、本当に正しい生き方をされているのであれば、今のような社民党の状況《じょうきょう》はないと思います。

国民が飢《う》えて死んでいるのに「金正日《キムジョンイル》」「金正恩《キムジョンウン》」を擁護《ようご》する

土井たか子　（酒井に）あんた、変な顔しとる。漫才師《まんざいし》のなり損《そこ》ねでしょう？

酒井　いえいえ（苦笑）。では、一言《ひとこと》、言いますけど……。

土井たか子　テレビで売れないんだろう？

酒井　まあ、漫才師でもいいんですが、イエス様は間違《まちが》えないんですよ。イエス様は、金正日《キムジョンイル》や金正恩《キムジョンウン》とかいう人たちを「偉大《いだい》な王だ」とは言わないんです。

土井たか子　どうして？　だって、自分と同じように、支配された民族を助けようとして助けられなかった、悲劇の人たちでしょう？

酒井　金正日や金正恩は、あれだけ国民を殺しているんですよ。

土井たか子　うーん。それは見たことないから知らないわよ。

酒井　見たことないんですか？　聞いたこともないんですか？

土井たか子　殺してるかどうかは、デマか、宣伝か知らないけど、これは……。

酒井　いや、これだけ情報があるので、たぶん、あなたは生きているときも知っていたはずなんですよ。見たくないものは見ていないと？

土井たか子　それはねえ、「飢《う》えによって、人が死んでる」っていうのは知ってるけど、その飢えは、やっぱり日本が悪いわけだから。原因は。

綾織　いやいや、もう七十年もたっていますから。

酒井　あれだけ飢えているにもかかわらず、なぜ、金正恩や金正日はあんなに太っているんですか。

土井たか子　いや、それは、それはしょうがないでしょう。大、大、大、大、大将軍だから、それはしかたない。飢えて死んでる理由は、配分するだけのものがなかったからなんだ。

酒井　イエス様なら、自分で食べないで、みんなに渡《わた》しますよ。

土井たか子　いや、イエスはたまたま痩《や》せてたからで。お釈迦《しゃか》様は太ってたんだから、最後は。だから、食べてたんだ。間違いなく食べてたの。

酒井　そのときは、民衆だって太っていましたよ。民衆だって栄《さか》えていました。

土井たか子　そうかなあ。インド人は痩せてるから。おかしいなあ。そんな……。

酒井　そんなねえ、あのねえ、民衆が全員飢えているときに、一人だけ肥《こ》えているのは、絶対におかしいです。

土井たか子　いや、そういう人の体型とかをとって、すべてを論じるっていうのは、あんまり論理的な人間じゃないよ。

酒井　体型だけではないです（苦笑）。これは事実なんです。

土井たか子　どんな経歴の人か知らんけどさあ、少なくとも、そういう論理的な人間ではないわね。

社民党から民意が離《はな》れた原因は、「国民が飽《あ》きっぽいから」

土井たか子　ゴホッ、オッホッハッ……（咳《せき》）。やっぱり、ちょっと肺炎《はいえん》がきつくてねえ。

酒井　「きつくて」って、今まで、全然きつそうではなかったです。

土井たか子　ええ？　いやあ、咳が出るよ。

酒井　調子が悪くなってきたんですね？

土井たか子　久しぶりに声がよく出て、私の声が聞き取れる人が出てきたから。

酒井　二〇〇〇年代前半で考えが止まっていますので、まあ、このあたりで……。

土井たか子　だけど、何か、私の人生に一点でも非がありますか？　何も間違ったことはしてない。「民意が離《はな》れる」っていうのは飽《あ》きっぽいからであって、彼らは、「劇場型政治」を求めてるから、変えたいだけなの。

綾織　いえいえ。「金正日が拉致《らち》の命令をした」ということが分かったからです。それが明らかになって、「社会党、社民党が騙《だま》されていた」ということが明らかになったんです。

土井たか子　金正日の人生と私の人生は、必ずしもダブらなきゃいけない理由はないわけですからね。

「拉致《らち》問題」は被害妄想《ひがいもうそう》であり、日本で悪い陰謀《いんぼう》が進んでいる？

酒井　ただ、社会党は北朝鮮とのパイプを持ち、一九八〇年代に拉致《らち》問題が起きたにもかかわらず、「そんなものはない」と無視しましたよね？

土井たか子　まあ、拉致問題って、百人かなんか知らんけど、日本軍がやった二千万人の大虐殺《だいぎゃくさつ》に比べて、彼らには、「軍事的行動で大勢の人を殺した」っていう実績はないんだから、全然、考え方が違ってるので。

酒井　戦争中の話は別なんですよ。中国だって大勢……。

土井たか子　いや、被害妄想《ひがいもうそう》だからね（手を一回叩《たた》く）。

酒井　いやいや、そうではないです。あなたは憲法を勉強しているから分かると思いますが、現在の普通《ふつう》の法治《ほうち》国家の法治社会のなかで、百人だろうと、一人だろうと、人権は人権なんです。

土井たか子　まあ、いいけども。もし、あなたがたが言うように、北朝鮮が貧しくて、みんな飢えて力がないんだったら、戦争したって戦えるわけもないから、そんな国は何の脅威《きょうい》でもないわけですから。まあ、「日本人をさらって、食糧《しょくりょう》にして食べた」っていうんだったら、ちょっと問題はありますけど。人権侵害《しんがい》ですけどね。そんなにみんなが「食べるものもない」って言うんじゃ、戦争ができるわけもないんだから。

脅威でもないやつを脅威であるように駆《か》り立てて、日本を軍国主義化しようとしたり、自衛隊を軍隊にしようとする戦力の考え方や、防衛庁を防衛省にしたりとか、やっぱり、〝悪い陰謀《いんぼう》〟が進んでますねえ、日本は今。

「北朝鮮《きたちょうせん》にもっと食糧援助《しょくりょうえんじょ》をしたかった」という本音

酒井　とにかくあなたに非があるとすれば、「日本の国民を護る気がない」ということですよ。

土井たか子　いや、私の考えが国民を護ってるの。だから、戦後七十年間、護られてきてるでしょ？

酒井　護っていないじゃないですか。では、拉致されることは……。

土井たか子　私たちの考えが支配的だったから護られてる。

酒井　北朝鮮《きたちょうせん》の国民を護る気持ちは分かりました。中国の国民を護る気持ちも分かりました。

土井たか子　いや、護れなかったですよ。北朝鮮に、もっともっと食糧援助《しょくりょうえんじょ》したかったんだけど、できなかった。

酒井　「日本の国民よりも優先されている」ということは分かりました。

土井たか子　だけど、（北朝鮮の国民は）日本の国民より痩せてるでしょう？

酒井　だから、優先するんですか。

土井たか子　そら、日本の国は、自分でたらふく食って太ってるんですから。

酒井　北朝鮮の人たちは、日本人を拉致してもいいわけですね？

土井たか子　だから、ゲストで呼んで、たらふく食べさせてあげたいぐらいですよ。

酒井　ゲストで日本人が呼ばれているのであれば、いいですよ。

土井たか子　いや、ゲストで行ってるかもしれない。もしかしたら。

酒井　いや、行っていないです。

土井たか子　あんまり居心地《いごこち》がよくて、帰ってこないの。

「自分の生没《せいぼつ》年月日」を見ても信じない土井たか子氏

酒井　だいたい、お時間になりましたので、このへんで終わらせていただきます。

土井たか子　そうですか。

何なんですか？　（手元の資料を見て）何？　「元社会党委員長・土井たか子の霊《れい》言《げん》」って何これ？　「元社会党委員長」っていうのはそうですけど。「土井たか子」はそう。「霊言」って、何これ？

酒井　「霊言」というのは、今、あなたが話しているものです。

土井たか子　（舌打ち）うーん……。うん？

綾織　あなたは霊になられているんですよ。

土井たか子　まあ、〝回想録〟とか、なんか、そんなようなことをしてます。

綾織　この霊言は、回想でもありますね。

酒井　そこに書かれている「生没《せいぼつ》年月日」を見てください。

土井たか子　ええ？　生没年月日が何？　何、何、何？　生没年月日。

酒井　「土井たか子」とあって、「肩書《かたが》き」があって……。

土井たか子　一九二八年、昭和三年十一月三十日から……。

綾織　その下のところです。

土井たか子　二〇一四年、平成二十六年九月二十日、八十五歳《さい》。うん、そう八十五歳よ。

酒井　その経歴のいちばん下を見ると、「二〇一四年九月、肺炎のため死去」となっていますよね？

土井たか子　ふうーん。誰《だれ》が書いたかも分からん〝あれ〟ですから。

綾織　これも報道されている内容です。

土井たか子　書くのは自由ですけど。何？「衆議院議員落選」とか書いて。いやらしいわねえ。

綾織　（笑）それは経歴なのでしかたがないです。

酒井　（笑）それは事実じゃないですか。

土井たか子　ええ？　こういうものは経歴からは消しておくもんですよ。「霊《れい》が存在するなら、安倍《あべ》首相に取り憑《つ》きたい」

綾織　かすかにですけれども、（あなたには）キリスト教の考え方も入っているようなので、おそらく、今度、それらしい人で、あなたの声が聞こえる人が来ると思いますそのときに疑問に思っていることを……。

土井たか子　あんたは〝予言者〟なの？

酒井　まあ、予言者みたいなものです。

綾織　その人に何か分からないことがあったら、訊《き》いてみてください。私たちが言うことは聞かなくてもいいですので、その人が言うことを聞いてみてください。

土井たか子　もし、「あの世」があって、「霊《れい》」とかいうのが存在するんだったらね。まあ、私はよく知らないし、クリスチャンだって信じてないからよく分かんないけども、もし、そういうものがあるんだったら、私は安倍《あべ》首相に取り憑《つ》いて、あの首をグルッと百八十度回転させたいですねえ。やっぱり。

綾織　それをやってみてから、「自分がどういう状態にあるか」ということを訊いてみてください。

土井たか子　ええ、ええ。「エクソシスト」（映画）みたいに、なんか怪奇《かいき》現象としての……。

酒井　今、あなたが安倍首相のところに行きたいと思えば、たぶん、行けますから。

土井たか子　やっぱり、脅《おど》してみたいねえ。もし、幽霊《ゆうれい》とかいうのが存在するんだったら。

綾織　それができたら信じてください。

土井たか子　ええ。だからねえ、幽霊みたいになって、脅せるなら脅してみたいですね。

「霊界《れいかい》の証明」を兼《か》ねた安倍《あべ》首相への〝メッセージ〟

酒井　たぶん、今晩、安倍《あべ》首相のところに出ることはできますから。

土井たか子　（安倍さんも）もう、首相公邸《こうてい》には二度と泊《と》まろうとは言わないねえ。

酒井　あなたは霊《れい》ですから、そこにも自由に行けますので。

土井たか子　ああ、そう。ふうーん。まあ、「脅す自由」があるっていうことね。じゃあ、そう言うなら乗ってやって、「安倍さんのとこ出るからねえ。これを読んだら出るからねえ」って活字で書いておいてね。

酒井　（安倍首相のところに）出られたら、「死んだ」ということになりますね。

土井たか子　「読んだら出るからね」って。「一人で寝《ね》るときは気をつけるようにね」って言っておく。

酒井　これは「霊界《れいかい》の証明」にもなりますので、安倍さんもあなたが出てきたら、「あっ！　死後の世界はあるんだ」と分かります。

土井たか子　「ダブルベッドにしといてね」って言っといてね。〝もう一人〟寝れるようにね。

酒井　まあ、奥《おく》さんがいますからね。

土井たか子　「奥さんを入れないでください」って。奥さんは〝仕事〟の邪魔《じゃま》になるから、外していただいて。

酒井　はい、分かりました。では、今晩、安倍さんのところに出てみてください。そうしたら、「亡《な》くなった」ということが分かります。

土井たか子　ええ、まあ、なるべく安倍さんの首に〝取り憑く〟ように頑張《がんば》りますよ。

酒井　（笑）はい。

土井たか子　まあ、私は正しい生き方をしたから、何にも恥《は》じるところはありません。

酒井　はい、分かりました。

では、それは、このあと判定されます。

土井たか子　うん。うん。はい。

酒井　ありがとうございました。

9　土井たか子氏の霊言《れいげん》を終えて

頑固《がんこ》で取りつく島のない感じだった土井たか子氏

大川隆法　（手を二回叩《たた》く）うーん、こういうこともあるのですね。

同志社《どうししゃ》大学を出ているのですから、キリスト教の影響《えいきょう》は受けてはいるのでしょうが、キリスト教自体が、あの世について、はっきりしていないわけです。したがって、このように〝匂《にお》い〟を少し嗅《か》いだだけで、「過去の物語としては知っているけれども、自分の問題としては分からない」という人は大勢いるのでしょう。

そういう意味では、宗教系の大学といっても、あまり役に立っていないところはあるということですね。「信じる人は信じ、信じない人は信じない」というわけです。

酒井　そうですね。

大川隆法　もちろん、政治思想のほうが勝《か》っているということでしょう。まあ、お気の毒ですが、最後がやや残念なかたちで終わったのかもしれません。これから、この人を偲《しの》ぶ本など、いろいろなものが出るのでしょう。あるいは、テレビの特集など、さまざまなものができるのかもしれませんが、当会は当会なりに取材をしたということです。

ただ、あまり分かってくれた感じはしないですね。分かったのでしょうか。けっこう頑固《がんこ》ですよね。

酒井　ええ、そうですね。

大川隆法　けっこう頑固で、取りつく島がない感じです。まるで、上海蟹《シャンハイがに》でも食べているようで、食べるところがないというか……。

酒井 （笑）

大川隆法 小さくて甲羅《こうら》ばかりで、全然「食べるところがない」という感じですよ。

酒井 もう、昔から考え方が全然変わっていないですよね。

時間が土井たか子氏を正しく導いてくれることを祈《いの》りたい

大川隆法 そうなのです。

この世的には、憲法を教えて、衆議院議長までやって、党首もやったわけですから、本人は、「女性としては最高度に偉《えら》かった」と思ってはいるのでしょう。これを諭《さと》すのは、それほど簡単なことではないと思います。

いろいろな霊《れい》が来ても分からないかもしれません。認識しないのではないでしょうか。

酒井　ええ、たぶん、市川房枝《いちかわふさえ》さんの霊が来ても、普通《ふつう》の会話だと思って終わるでしょう。

大川隆法　ただ、「普段は会話が通じないのに、今日は通じた」ということだけは分かったわけです。

酒井　そうですね。

大川隆法　これは、そう簡単にはいきません。こういう人は、下手をすると、百年も二百年もそのままということはありますね。そういう人はたくさんいます。

これは、「無意識界行き」の可能性が高いタイプでしょう。自分のことが分からず、まったく意識できない状態になりそうな感じです。

残念ではありますが、これでも、この世的には出世できるということですね。

当会も政党（幸福実現党）をやっておりますが、選挙で勝って、「勝てば官軍」に見えても、最後は分からないということでしょう。

この世的なものだけではないわけで、国民の投票も万能《ばんのう》ではないことがあるのです。

いずれにせよ、大きな目で見れば、社会主義的な面はかなり滅《ほろ》びてきたことは事実であり、その〝悪いところ〟はやはり出てきているでしょう。旧ソ連の悪かったところを中国共産党が変えたようにやっていても、だんだんそれらしい弾圧粛清《だんあつしゅくせい》の傾向《けいこう》は出てきているし、今後も出てくるのではないかと思います。

ただ、この世が変わることで、連動して、あの世に波及《はきゅう》することもあるでしょう。そういう意味で、時間が、この人を正しく導いてくれることを祈《いの》りたいと思います。

はい（手を一回叩く）。ありがとうございました。

一同　ありがとうございました。

あとがき

本書中でも語られている通り、生前「『憲法九条』を護って、『護憲』『非武装中立』で、『絶対戦わないという精神で、平等な国をつくる』っていうのは、キリスト教の精神に照らして、一点の間違いもないから、もう『キリスト教の理想』そのものですよ。ある意味で、同志社大学と社会主義が合体したようなもんです」と固い信念を持っていた女性政治家の死後の姿は、現在、朝日新聞の誤報問題を巡って国論が揺れている日本にとっても貴重なメッセージとなるだろう。

おそらくは、現代日本の政治家たちや、憲法学者たち、ジャーナリストたち、一部の過激なフェミニストたちにも、何らかの教訓を遺《のこ》すことになるだろう。
この世の学識や名誉、地位は空《むな》しいものである。真理に目覚めるということが大切なのだ。私が「幸福実現党」という政党を創ってまで、政治的メッセージを発している理由をお判りいただけたら幸いである。

二〇一四年　十月四日

幸福《こうふく》の科学《かがく》グループ創始者兼総裁《そうししゃけんそうさい》　大川隆法《おおかわりゅうほう》

『元社会党委員長・土井たか子の霊言』 大川隆法著作関連書籍

『広島大水害と御嶽山噴火に天意はあるか』（幸福の科学出版刊）
『本当に心は脳の作用か？』（同右）
『菅直人の原点を探る』（同右）
『そして誰もいなくなった
　――公開霊言 社民党 福島瑞穂党首へのレクイエム――』（同右）
『「河野談話」「村山談話」を斬る！』（同右）
『共産主義批判の常識
　――日本共産党 志位委員長守護霊に直撃インタビュー――』（同右）
『南京大虐殺と従軍慰安婦は本当か』（同右）
『北朝鮮――終わりの始まり――』（幸福実現党刊）

元《もと》社会党《しゃかいとう》委《い》員長《いんちょう》・土《ど》井《い》たか子《こ》の霊言《れいげん》

──死後12日目の緊急インタビュー──

2014年10月7日　初版第1刷

著　者　　大《おお》川《かわ》隆《りゅう》法《ほう》

発行所　　幸福の科学出版株式会社

〒107-0052 東京都港区赤坂2丁目10番14号
TEL(03)5573-7700
http://www.irhpress.co.jp/

印刷・製本　株式会社 東京研文社

落丁・乱丁本はおとりかえいたします

ISBN978-4-86395-569-1 C0030
写真：時事

大川隆法霊言シリーズ・政治家の本音に迫る

そして誰もいなくなった

公開霊言
社民党 福島瑞《みず》穂《ほ》党首へのレクイエム

増税、社会保障、拉致問題、従軍慰安婦、原発、国防――。守護霊インタビューで明らかになる「国家解体論者」の恐るべき真意。

1,400円

菅直人の原点を探る

公開霊言 市川房枝・高杉晋作

菅首相の尊敬する政治家、市川房枝と高杉晋作を招霊し、現政権の本質を判定する。「国難パート2」の正体が明らかにされる。

1,200円

「河野談話」「村山談話」を斬る！

日本を転落させた歴史認識

根拠なき歴史認識で、これ以上日本が謝る必要などない!! 守護霊インタビューで明らかになった、驚愕の新証言。「大川談話（私案）」も収録。

1,400円

幸福の科学グループのご案内

宗教、教育、政治、出版などの活動を通じて、地球的ユートピアの実現を目指しています。

宗教法人　幸福の科学

一九八六年に立宗。一九九一年に宗教法人格を取得。信仰の対象は、地球系霊団の最高大霊、主エル・カンターレ。世界百カ国以上の国々に信者を持ち、全人類救済という尊い使命のもと、信者は、「愛」と「悟り」と「ユートピア建設」の教えの実践、伝道に励んでいます。

（二〇一四年十月現在）

愛

幸福の科学の「愛」とは、与える愛です。これは、仏教の慈悲《じひ》や布施《ふせ》の精神と同じことです。信者は、仏法真理をお伝えすることを通して、多くの方に幸福な人生を送っていただくための活動に励んでいます。

悟り

「悟り」とは、自らが仏の子であることを知るということです。教学《きょうがく》や精神統一によって心を磨き、智慧《ちえ》を得て悩みを解決すると共に、天使・菩薩《ぼさつ》の境地を目指し、より多くの人を救える力を身につけていきます。

ユートピア建設

私たち人間は、地上に理想世界を建設するという尊い使命を持って生まれてきています。社会の悪を押しとどめ、善を推し進めるために、信者はさまざまな活動に積極的に参加しています。

国内外の世界で貧困や災害、心の病で苦しんでいる人々に対しては、現地メンバーや支援団体と連携して、物心両面にわたり、あらゆる手段で手を差し伸べています。

年間約３万人の自殺者を減らすため、全国各地で街頭キャンペーンを展開しています。

公式サイト **www.withyou-hs.net**

ヘレン・ケラーを理想として活動する、ハンディキャップを持つ方とボランティアの会です。視聴覚障害者、肢体不自由な方々に仏法真理を学んでいただくための、さまざまなサポートをしています。

公式サイト **www.helen-hs.net**

INFORMATION

お近くの精舎・支部・拠点など、お問い合わせは、こちらまで！

幸福の科学サービスセンター

TEL. 03-5793-1727 (受付時間 火～金：10～20時／土・日：10～18時)

宗教法人 幸福の科学 公式サイト happy-science.jp

教育

学校法人 幸福の科学学園

学校法人 幸福の科学学園は、幸福の科学の教育理念のもとにつくられた教育機関です。人間にとって最も大切な宗教教育の導入を通じて精神性を高めながら、ユートピア建設に貢献する人材輩出を目指しています。

幸福の科学学園

中学校・高等学校（那須本校）
2010年4月開校・栃木県那須郡（男女共学・全寮制）
TEL **0287-75-7777**
公式サイト **happy-science.ac.jp**

関西中学校・高等学校（関西校）
2013年4月開校・滋賀県大津市（男女共学・寮及び通学）
TEL **077-573-7774**
公式サイト **kansai.happy-science.ac.jp**

幸福の科学大学（仮称・設置認可申請中）
2015年開学予定
TEL **03-6277-7248**（幸福の科学 大学準備室）
公式サイト **university.happy-science.jp**

仏法真理塾「サクセスNo.1」 TEL **03-5750-0747**（東京本校）
小・中・高校生が、信仰教育を基礎にしながら、「勉強も『心の修行』」と考えて学んでいます。

不登校児支援スクール「ネバー・マインド」 TEL **03-5750-1741**
心の面からのアプローチを重視して、不登校の子供たちを支援しています。
また、障害児支援の**「ユー・アー・エンゼル!」**運動も行っています。

エンゼルプランV TEL **03-5750-0757**
幼少時からの心の教育を大切にして、信仰をベースにした幼児教育を行っています。

シニア・プラン21 TEL **03-6384-0778**
希望に満ちた生涯現役人生のために、年齢を問わず、多くの方が学んでいます。

NPO 活動支援

ブログ **blog.mamoro.org**

学校からのいじめ追放を目指し、さまざまな社会提言をしています。また、各地でのシンポジウムや学校への啓発ポスター掲示等に取り組む一般財団法人「いじめから子供を守ろうネットワーク」を支援しています。

公式サイト **mamoro.org**
相談窓口 **TEL.03-5719-2170**

政治

幸福実現党

内《ない》憂《ゆう》外《がい》患《かん》の国難に立ち向かうべく、二〇〇九年五月に幸福実現党を立党しました。創立者である大川隆法党総裁の精神的指導のもと、宗教だけでは解決できない問題に取り組み、幸福を具体化するための力になっています。

党員の機関紙
「幸福実現NEWS」

TEL 03-6441-0754
公式サイト hr-party.jp

出版
メディア
事業

幸福の科学出版

大川隆法総裁の仏法真理の書を中心に、ビジネス、自己啓発、小説など、さまざまなジャンルの書籍・雑誌を出版しています。他にも、映画事業、テレビ・ラジオ番組の提供など、幸福の科学文化を広げる事業を行っています。

アー・ユー・ハッピー？
are-you-happy.com

ザ・リバティ
the-liberty.com

幸福の科学出版
TEL 03-5573-7700
公式サイト irhpress.co.jp

THE FACT

ザ・ファクト
マスコミが報道しない
「事実」を世界に伝える
ネット・オピニオン番組

Youtubeにて
随時好評配信中！

ザ・ファクト　検索